Eva Jaeggi

Tritt einen Schritt zurück und du siehst mehr

HERDER spektrum

Band 5894

Das Buch

Auch und gerade beim Älterwerden gilt es, neue, ungeahnte Möglichkeiten für sich zu entdecken und die Chance zu nutzen, Vergangenes bewusst hinter sich zu lassen. Eva Jaeggi verklärt nichts und macht doch keine Angst, älter zu werden. Gerade weil sie nicht schönfärbt, sondern ganz genau hinschaut und Geschichten erzählt. So erschließt sich beim Lesen dieser Geschichten aus dem wirklichen Leben ein individueller Weg: Ja, so ähnlich möchte ich es auch machen... Mit vielen Beispielen von älteren und alten Menschen zeigt sie, worauf es ankommt: ein wenig Distanz zu gewinnen sich selbst gegenüber. Der erste Schritt: Sich befreien aus der Konkurrenz des Schöner, Schneller, Besser. Eva Jaeggi ermutigt dazu, neue Wege zu gehen und herauszufinden, was im eigenen Leben wichtig ist.

Die Autorin

Eva Jaeggi, Dr. phil., lehrte bis 2002 als Professorin für Psychotherapie und Klinische Psychologie an der Technischen Universität in Berlin. Sie ist Verhaltenstherapeutin, Psychoanalytikerin und Lehranalytikerin.

Eva Jaeggi

Tritt einen Schritt zurück und du siehst mehr

Gelassen älter werden

HERDER

FREIBURG · BASEL · WIEN

Titel der Originalausgabe:
Tritt einen Schritt zurück und du siehst mehr
© Verlag Herder GmbH, Freiburg im Breisgau 2005
ISBN 978-3-451-28661-0

© Verlag Herder GmbH, Freiburg im Breisgau 2008
Alle Rechte vorbehalten
www.herder.de

Umschlaggestaltung und -konzeption:
R·M·E München/Roland Eschlbeck, Liana Tuchel
Umschlagmotiv: © plainpicture
Foto Eva Jaeggi: © privat

Satz: Barbara Herrmann, Freiburg
Herstellung: fgb · freiburger graphische betriebe
www.fgb.de

Gedruckt auf umweltfreundlichem, chlorfrei gebleichtem Papier
Printed in Germany

ISBN 978-3-451-05894-3

Inhalt

Einleitung – die Gelassenheit entdecken

Dieses Buch handelt von einer etwas altmodisch scheinenden Tugend, nämlich von der Gelassenheit. Diese Tugend, sowenig sie in eine schnelllebige Zeit passt, kann natürlich in jedem Lebensalter auch ihre Vorzüge haben: Wie viele Dummheiten wurden schon produziert, weil man an eine Sache eben nicht gelassen herangehen konnte. Wie viele böse Worte wären unausgesprochen geblieben, wenn ein Mensch statt mit einem Wutausbruch gelassener reagiert hätte! Es gibt aber einen Lebensabschnitt, den man ohne Gelassenheit nur schwe bewältigt: nämlich das Alter. Gelassenheit ist beileibe nicht zu verwechseln mit Langeweile, Faulheit, Resignation. Mit diesen gemeinsam hat sie nur eine gewisse Langsamkeit. Es ist aber eine Langsamkeit, die dem Innehalten geschuldet ist, und dieses Innehalten kann außerordentlich produktiv und kreativ sein und zu vielen neuen Erkenntnissen und auch Aktivitäten führen. Unter der Fahne der Gelassenheit wird Neues klarer, sie verleiht Ruhe und auch mehr Zufriedenheit. Und vielleicht das Wichtigste: Diese Gelassenheit, die ein Moment des Zurücktretens verlangt, setzt ein wunderbares Geschenk frei, auch für denjenigen, der es früher nie beachtet hat: Humor. Diese Möglichkeit, sich selbst nicht mehr als den Nabel der Welt zu betrachten, gelassen sich selbst anzusehen und sich selbst mit seinen Nöten und Sorgen auch zuzulächeln – diese Möglichkeit nun ist im Alter nötiger denn je. Wer Humor hat oder entwickelt, zeigt damit, dass er hinter sich selbst treten kann und sich mit den Augen anderer betrachtet.

Wenn kleine Kinder es lernen, sich „mit den Augen anderer" zu sehen, dann ist ein wichtiger Entwicklungsschritt getan. Diese „Dezentrierung", wie sie genannt wird, bedeutet, dass man aus der Eierschale des Egozentrismus heraustritt und wahrnimmt, dass es ganz andere Betrachtungsweisen gibt; dass jeder Mensch sozusagen eine eigene Art hat, sich der Welt anzunähern. Und natürlich auch: dass der andere an mir ganz andere Dinge entdecken kann, als ich selbst wahrnehme. Ob diese Dinge „stimmen" oder nicht, ist jeweils gar nicht so leicht auszumachen. Viele unserer zwischenmenschlichen Probleme liegen darin, dass wir uns „falsch verstanden" fühlen, aber der Nebenmensch ganz sicher ist in seiner Wahrnehmung. Wir finden dann, dass wir „ganz anders" sind, als der andere meint, der andere hingegen lässt darüber nicht mit sich reden etc. Und so häufen sich Missverständnisse auf Missverständnisse, wenn man nicht bereit ist, alles auch „von einer ganz anderen Seite" zu sehen. Deshalb die Wichtigkeit dieses Schrittes in der Entwicklung. Vielleicht hat der andere ja wirklich nicht Recht mit dem, was er sieht – dann aber kann dieses Hinter-sich-Treten die Erklärung bringen, warum man falsch gesehen wird. Oder aber – und das ist gar nicht so selten – man kann durch dieses gelassene Zurücktreten einsehen, dass man vielleicht wirklich nur so und nicht anders gesehen werden kann, weil die Außenansicht, die man bietet, eine bestimmte Interpretation nach sich zieht. Auf diese Weise habe schon viele Menschen verstanden, weshalb sie – vielleicht fälschlicherweise – immer wieder als arrogant angesehen werden: weil sie schüchtern sind, bestimmte Themen nicht ansprechen, überhaupt in ihrer Unsicherheit andere nicht ansprechen und was dergleichen Gründe sein können.

Meist entsteht eine beruhigende Harmonie, wenn sich zwei oder mehrere darauf verständigen, die Welt oder Menschen oder bestimmte Sachverhalte als „ähnlich" anzusehen. Das bestärkt, gibt auch Selbstvertrauen und sogar das Gefühl von Liebe kann darauf basieren. Es kann allerdings auch trügerisch sein, sich damit allzu schnell zufrieden zu geben. Die Erkenntnisse über die Welt und Menschen, aber auch die Selbsterkenntnisse können verengt werden, wenn sich eine Gruppe von Menschen allzu schnell darauf einigt, von welchem Aspekt aus man die Welt sehen sollte. Sekten aller Art sind immer in Gefahr, sich dadurch neue Erkenntnisse zu verbauen.

Gute und originelle Wissenschaftler sind zum Beispiel meist Menschen, die imstande sind, von der „üblichen" Übereinstimmung über einen Sachverhalt abzuweichen. Sie sehen manches plötzlich „ganz anders", und wenn sie imstande sind, dies mit den Mitteln ihrer Wissenschaft auch zu begründen und einzubauen, dann haben sie eine Entdeckung gemacht. Große Entdeckungen machen nur die wenigsten Menschen, aber die kleinen Entdeckungen des Alltags: Die sind für jeden zugänglich, der sich offen hält und nicht nur verbohrt seine eigene Weltsicht oder die der engsten Mitmenschen für wichtig und richtig hält.

Nun gibt es natürlich recht originelle Menschen, die sehr vieles mit „anderem Blick" sehen können, aber diese Fähigkeit fällt in sich zusammen, wenn es an ihre ureigensten Interessen geht. Sind sie emotional von etwas betroffen oder gar bedroht, dann wird ihre Fähigkeit zur „Dezentrierung" schnell unwirksam. Sie betrachten dann alles von ihrem eigenen Gefühl her, oft von ihren eigenen Konflikten, und sind außerstande, auch eine andere Sicht auf bestimmte Dinge gelten zu lassen.

Ein besonders wirksames Hemmnis *gegen* die Dezentrierung ist das Selbstmitleid. Menschen, die sich in irgendein Leid einspinnen, können meist nur schwer von sich und ihrer Interpretation der Dinge absehen. „Wenn er sich nicht entschuldigt, dann ist es aus mit unserer Beziehung – er muss einsehen, wie weh er mir getan hat …" oder „Wenn man alt ist, ist man zu nichts mehr nütze" oder „Man hat mich nur meines Mannes (meiner Schönheit, meines Geldes) wegen eingeladen, jetzt bin ich nichts mehr wert …" – solche Bestimmungen machen es schwer, von sich selbst abzusehen. Selbstmitleid verhindert jede Distanz zu sich selbst und damit jede originelle Weltsicht. Und damit auch, im Falle des Selbstmitleides, jede Besserung des Zustandes.

In diesem Buch ist sehr oft von Kränkungen die Rede, Kränkungen, die mit dem Alter zusammenhängen. Dass in unserer vom Jugendwahn geprägten Zeit das Alter besonders viele Kränkungen bereithält, weiß jeder und jede: Das Verschwinden von Schönheit und Kraft, die intellektuellen Defizite, die Kränkungen, die durch Missachtung entstehen: All dies kommt schleichend, muss zwar nicht sofort wahrgenommen werden, ist aber doch in jedem Fall unübersehbar, wenn man sich nicht einmal mehr zu den „jungen Alten" rechnen kann. Nicht jeder Mensch ist für jede Kränkung anfällig, aber für die meisten alten Menschen gibt es irgendeinen (oder auch mehrere) wunde Punkte: Nicht mehr im Rampenlicht zu stehen oder nicht mehr die schwarzen Ski-Abfahrten zu bewältigen oder Freunde einzubüßen – alles kann bedrohlich werden, mit Schmerz und Trauer erfüllen. Manches ist nicht unbedingt mit Kränkung verbunden, sondern einfach mit Schmerz: wenn Freunde sterben, wenn die Kinder in ein anderes Land ziehen, wenn eine Krankheit das Leben schwierig macht. Alle diese Kümmernisse häufen sich im Alter. Nur wenige Glückliche bleiben davon ganz verschont.

Wir wissen allerdings aus statistischen Untersuchungen, dass alte Menschen nicht unglücklicher sind als jüngere – wenn man vom Greisenalter absieht, wo sich auch die Suizide wiederum häufen. Viele Menschen scheinen sich also mit ihren Alterssorgen ganz gut zu arrangieren.

Wie machen die das nur, so fragen sich solche, die das Alter als recht unerfreulich ansehen. Und wenn man auch nicht unbedingt unglücklich ist im Alter: Auch das Glück scheint oft auszubleiben. Man lebt halt oft so dahin …

Manchen ist es aber gegeben – oder sie haben es mühsam gelernt –, im Alter ein wenig mehr von sich abzusehen und die Welt mit ihrer Mühsal mit neuen und anderen Augen zu betrachten. „Gelassenheit" könnte man dies auch nennen, und dieses Wort war es auch, was den Verlag anfragen ließ, ob ich nicht ein kleines Buch über die Gelassenheit des Alters schreiben wolle. Ausgangpunkt dafür war ein Vortrag für die Internationale Gesellschaft für Tiefenpsychologie, den ich in Lindau 2003 gehalten habe. Die Gedanken dieses Vortrags finden sich – modifiziert und gekürzt – im zweiten Kapitel des Buches. Sie markieren einen ersten Einstieg in die Thematik. In den darauf folgenden werde ich dann, in Ausweitung dieser Ideen, noch sehr viel konkreter an das Thema herangehen. Ich befasse mich daher mit ganz bestimmten Bereichen, in denen Schmerz und Kränkung durch das Alter drohen, und zeige an konkreten Beispielen auf, wie sich das für einzelne Menschen dargestellt hat. Es sind immer Menschen, die ich aus der Therapie oder aus meinem Bekanntenkreis kenne, allerdings habe ich, um ihre Anonymität zu wahren, manche dieser Personen sozusagen „amalgamiert", wenn die Struktur ihrer Probleme und ihrer Problemlösungen sich als ähnlich erwiesen haben. Niemand muss sich also erkannt fühlen und noch viel weniger kann man darin andere erkennen.

Immer wieder geht es bei diesen Beispielen darum, von eingefahrenen Situationen weg zu gehen, sich zu distanzieren von einem allzu egozentrierten Standpunkt. Man sieht mehr, wenn man zurücktritt, und – Lohn dieser nicht leichten Bewegung – man erleichtert schließlich den eigenen Schmerz.

In vielen dieser Beispiele geht es darum, den eigenen Frieden zu finden, sich zu versöhnen mit der Welt, wie sie nun einmal ist. Diese Haltung, die man mit „Gelassenheit" bezeichnen kann, ist nämlich keine passive Haltung, wie es auf den ersten Blick erscheinen mag. Es gehört sehr viel innere Aktivität dazu, um den Punkt zu erwischen, an dem man etwas „neu" sehen kann. Wenn Menschen sich ausgeliefert fühlen, verzweifeln sie leicht. Wenn sie aber das Gefühl haben, sie könnten selbst Kontrolle über eine Situation haben, dann verändert sich ihr Gefühl für das scheinbar „Unabänderliche". Passivität und das Gefühl, ausgeliefert zu sein, machten krank, das beweisen uns alle Statistiken über den Ausbruch verschiedener Krankheiten oder zum Beispiel über die Überlebensrate von Krebskranken. Kontrolle über das eigene Schicksal – und sei es nur die gedankliche Verarbeitung – hebt den Lebensmut. Altsein ist nicht leicht in einer Gesellschaft, in der Fitness, Flexibilität und Schönheit wichtig sind. Man kann sich aber damit anfreunden.

Natürlich können und sollen wir angehen gegen den Jugendwahn. Im Buch „Das Methusalemkomplott" von Schirrmacher wird dies auch mit aller Kraft versucht. Im eigenen kleinen Alltag mit seinen Altersschwierigkeiten helfen im Augenblick solche großen Sichten nicht so sehr viel. Da muss jeder für sich sehen, wie er sich die Situation zurechtlegt, damit sie nicht allzu sehr drückt. Vielleicht kann dieses Buch dabei helfen.

In den ersten beiden Lebensbildern versuche ich, ein ganzes Leben nachzuzeichnen, um zu ergründen, wie sich die von beiden Menschen geleistete „Gelassenheitsarbeit" im Laufe langer Jahre herausgebildet hat. Dass dies ein schwieriger Weg ist, wird einleuchten. Es gibt aber immer wieder Wegkreuzungen, wo es sich entscheidet: Will man in Groll oder Resignation landen oder das Ruder herumreißen und alles in einem anderen Licht betrachten? Bei den beiden Menschen Werner und Lisa konnte ich einiges vom Kampf erkennen, der damit lebenslang verbunden ist.

Bei den anderen Menschen, die ich jeweils schildere, geht es jeweils um ein spezifisches Thema, das diesen Personen wichtig ist.

Werner: „Du hättest nicht alt werden sollen, eh du klug geworden bist" (König Lear)

Werner war zeit seines Lebens ein ungeduldiger und aufbrausender Mensch gewesen. Dieser Eigenschaft wohl nicht zuletzt verdankte er sehr viele familiäre Probleme. Seine Ehefrau war zwar auch nicht unbeteiligt am Scheitern der Beziehung, die nach 21 Jahren mit einer Scheidung endete; dass aber seine Launenhaftigkeit und seine Unfähigkeit, ein vernünftiges Gespräch darüber zuzulassen, das Ende beschleunigt hatte, steht fest. Auch die zwei Söhne waren immer wieder neu geschockt von seinen Ausbrüchen von Ungeduld und schlechter Laune und hatten Angst vor ihrem Vater. Vor allem der jüngere, ein etwas langsames und nicht besonders begabtes Kind, litt unter dem, was er als „Verachtung" des Vaters zu spüren meinte. Der ältere war sehr viel lebenstüchtiger und robuster: Irgendwie nahm der die schlechten Tage seines Vaters achselzuckend hin (er hatte viele Freunde und Hobbys) und erfreute sich an den guten Tagen.

Werner war beruflich außerordentlich erfolgreich gewesen. Er konnte seiner Familie etwas bieten. Sein älterer Sohn Kai machte davon guten Gebrauch: Ferienlager in Frankreich und England, Studienaufenthalt in den USA, später dann Unterstützung seiner eigenen Familie, wenn eine Wohnung gekauft wurde – all dies nahm er dankbar und mit aufrichtigem Respekt vor der Lebensleistung des Vaters entgegen. Er liebte ihn, vergaß wohl auch die schlimmen Zeiten seiner Kindheit, als die Familie auseinander brach, und nahm den Vater – einen öfters bärbeißigen, ihm aber immer zugeneigten Mann – einfach, wie er war. Und das tat diesem gut. Angesichts der netten Enkelkinder und der jungen Frau seines Sohnes glätteten sich seine Falten und er konnte ganz geduldig warten, bis Max, der Dreijährige, seine Jacke übergezogen hatte, was lange dauern konnte, weil Max alles „leine" machen wollte. Welches Theater hätte das alles früher, bei den eigenen Kindern gegeben! Nun aber traute er sich nicht mehr, seine Ungeduld zu zeigen.

Mit dem Jüngeren allerdings war es noch immer außerordentlich schwierig. Die beiden wussten miteinander nichts Rechtes anzufangen, sehr oft gab es kleine Missstimmungen. Und wenn dieser Sohn, Robert, in seiner langsamen, umständlichen und nicht immer sehr logischen Art ihm zu erklären versuchte, warum seine, Werners, politische Ansichten als reaktionär zu gelten hätten, musste er sich sehr zurückhalten, um nicht türenknallend aus dem Haus zu gehen. Wären da nicht die beiden reizenden Enkeltöchter und eine übrigens ebenfalls sehr warmherzige Schwiegertochter gewesen – Werner hätte sich wohl schon längst mit Robert unwiderruflich zerstritten gehabt. Sein Leben aber schien nun, im Alter, gar nicht so schlecht zu laufen. Zwar lebte er ohne Partnerin, aber Werner konnte sehr charmant sein, wenn er eine Frau becircen wollte; also gab es auch ab und zu kleinere und manchmal auch größere Affären, nichts Ernstes. Werner hatte sich als Single gut eingerichtet. Seine Ehe erschien ihm nur mehr als ein sehr ferner Schatten, der einmal über seinem Leben gelegen hatte.

Es stand ihm allerdings noch so etwas wie eine „Prüfung" bevor.

Werner war siebzig, als er die ebenfalls schon ältere pensionierte Lehrerin Jutta traf – und die beiden verliebten sich ineinander. Die erste Zeit war wunderbar. Jutta entsprach zwar nicht Werners ganz geheimen Träumen von einer zarten jungen und schönen Frau in den Dreißigern – aber ehrlicherweise musste er sich doch auch eingestehen, dass eine solche von ihm wohl nicht sehr viel zu erwarten gehabt hätte und dass auch er eigentlich gar so viel mit ihr nicht hätte anfangen können. Nein, Jutta war schon genau die Richtige: Man konnte mit ihr viele Erfahrungen austauschen, sie war klug und charmant, seine Freunde mochten sie gerne und übrigens versicherten ihm seine Söhne, dass sie sie auch recht attraktiv fänden. Werner hätte zufrieden sein können.

Warum blieb er es nicht?

Das Ganze drohte wieder einmal an seiner launenhaften Ungeduld, seiner barschen Art, wenn ihm etwas zuwiderlief, zu scheitern. Jutta beklagte sich oft darüber, wie ungemein intolerant er sei, wie wenig Einfühlung er in die Motive anderer Menschen hätte, und etliche Male gab Werner auch zu, dass er einfach innere (und leider manchmal auch äußere) Wutanfälle bekam, wenn Jutta wieder einmal in seiner Küche die Tassen in das falsche Regal stellte oder wenn sie ihn am Morgen, kaum war er wach, schon fröhlich ansprach.

Da jeder der beiden seine eigene Wohnung behielt, ließen sich allerdings die schwierigsten Punkte im Zusammenleben immer wieder vermeiden.

In vielen Gesprächen, die Jutta unermüdlich anstrebte, klärte sich allerdings auch für Werner einiges: Wie schnell ihm die Gegenwart eines anderen Menschen in seinem Revier zu viel wurde! Wie sehr er sich doch in den seit langer Zeit eingenisteten Gewohnheiten festbiss. Wie wenig bereit er war, den ganz andersartigen Lebensstil von Jutta – den er doch auch bewunderte – gelten zu lassen. Nun gut, sie war schlampig, manchmal ein wenig konfus in ihrem Denken, nicht alles schien ihm sehr logisch – aber waren seine Rituale der ewig gleichen Art der Tagesgestaltung eigentlich so viel rationaler? Hatte sie nicht recht, wenn sie mehr Abwechslung wollte, seiner eher kargen Gestaltung von Mahlzeiten oder Wochenenden mehr Variationen zumutete?

Werner wusste dies und konnte es in manchen Zeiten auch genießen. War er in ihrem Umkreis, dann macht er oft gerne mit, wenn sie spontan irgendeine Einladung aussprach oder nach dem Theater mit Freunden, die man dort getroffen hatte, noch ein Glas Wein trinken ging ohne ihn lange zu konsultieren. Plötzlich aber war ihm das alles zu viel. Einmal war er nach solch einem spontanen Treffen nach dem Theater sogar stillschweigend nach Hause gegangen und konnte nicht verstehen, dass sie darüber sehr böse war.

Trotzdem war diese neue Erfahrung für Werner wichtig.

Denn Werner war zwar oft ein wenig skurril, aber Werner war auch lernfähig. Er bewunderte Jutta in vielen Dingen und er war vor allem nicht selbstgerecht. Werner war nicht der Meinung, dass er immer Recht habe, dass seine Lebensgestaltung das Nonplusultra sei.

Anders als viele andere Männer seines Alters war er nicht verkrustet und nicht ganz und gar durchdrungen von der Unumstößlichkeit der Dinge. Als alter Sozialdemokrat hatte er zumindest in seiner Jugend gegen das konservative „Das war schon immer so" Denken genügend gewettert, um sich doch noch daran erinnern zu können, wie dumm er damals alle allzu festen Gewohnheiten und Regeln gefunden hatte. Dies war denn auch immer wieder Anlass vieler Streitgespräche mit Jutta, die nicht nachließ, ihn auf die Widersprüche in seinem Denken und Handeln hinzuweisen.

Das Leben war interessant geworden mit Jutta – aber auch recht anstrengend. Wenn sie mehr als drei Tage in seiner Wohnung blieb, wurde er unruhig und sehnte sich nach seiner gemütlichen Altmännerruhe. Überall lagen ihre Siebensachen herum, ohne ihn zu fragen drehte sie am Radio herum, bis er seinen gewohnten Sender nicht mehr finden konnte, und Reste von ihrer Kochorgie vom letzten Tag lagen auch noch in der Küche.

Da war es besser, sich einige Tage lang nicht zu sehen und sich nur per Telefon darüber zu verständigen, dass alles zwischen ihnen beim Alten sei. Denn dies wünschte Werner sehr.

Manchmal aber merkte er, dass er sich doch ein wenig anders benahm als früher. Er konnte ab und zu sogar lachen, wenn Jutta wieder einmal die falsche Herdplatte eingeschaltet hatte und Elektrizität unnütz verbraucht wurde, er meinte nicht mehr unbedingt, dass man Gästen keinen Aperitif anbieten müsse, weil dies nur das Essen verzögere, und was dergleichen bizarre Gewohnheiten mehr waren.

Plötzlich aber änderte sich alles. Jutta bekam eine Diagnose, die alles in der Schwebe ließ. Bei Brustkrebs gab es, wie er erfuhr, eine Überlebensrate von circa 50 Prozent – und Jutta hatte recht lange gewartet mit dem Arztbesuch; auch das ging natürlich auf das Konto ihrer sorglosen Schlampigkeit.

Werner hatte eine seiner Schwestern in frühen Jahren an derselben Krankheit sterben sehen; er war erschüttert und entsetzt und fühlte sich außerordentlich hilflos. Jutta war tapfer, sie unterzog sich den qualvollen Prozeduren ohne sehr viel Jammern, aber ihre stets gute Laune konnte sie wirklich nicht mehr immer aufrechterhalten. Nun war es an Werner, Optimismus zu verbreiten, für Abwechslung zu sorgen.

Werner hatte in den letzten Jahren – er war jetzt dreiundsiebzig – doch sehr viel gelernt durch diese für ihn neuartige Beziehung. Er wunderte sich über sich selbst: Stundenlang wartete er mit Jutta, wenn eine neue Untersuchung anstand, er konnte die angstvolle Spannung aushalten und er war nach der Operation oft stundenlang an ihrem Bett gesessen und hatte geduldig ihre Wünsche erfragt. Die Krankenschwestern waren von so viel Ruhe und Gelassenheit gerührt gewesen und beglückwünschten Jutta oft zu ihrem treuen Freund.

Man gab Jutta gute Chancen, irgendwann normalisierte sich das Leben auch wieder, aber die alten Streitthemen tauchten nie mehr in derselben Schärfe auf. In der schlimmsten Zeit, als Jutta sehr verzagt und geplagt von schlimmen Ahnungen war, hatte Werner kurzerhand Juttas Koffer gepackt und sie in seine Wohnung gebracht, wo er – und das war für Werner wirklich eine Großtat – eines seiner Zimmer gänzlich umräumte, damit Jutta es dort bequem haben konnte.

Dass er am Morgen meist mürrisch war, sich allzu lange grollend über die Politik ausließ, war nun für Jutta auch kein Anlass mehr zu Ärger. Auch sie hatte gelernt, die Andersartigkeit Werners zu akzeptieren und seine Schrullen nicht dauernd zu kritisieren.

Werner ist jetzt sechsundsiebzig Jahre alt, er versucht, sich auch mit dem jüngeren Sohn besser zu arrangieren und empfindet dessen besserwisserischen Attacken auf den Vater als das, was sie wahrscheinlich sind: hilflose Versuche, sich am bösen Vater seiner Kindheit zu rächen und ihm zu zeigen, dass er auch etwas zu sagen hat. Werner zuckt die Achseln. Na, wenn schon … Dass er ein besonders guter Vater gewesen wäre, behauptet er sowieso nicht.

In seiner neuen Friedfertigkeit wäre er sogar zu mehr Versöhnlichkeit mit der geschiedenen Ehefrau bereit. Diese aber scheint kein Interesse daran zu haben. Auch das nimmt Werner ohne großen Wutanfall hin.

„Er ist ein anderer geworden", wundern sich seine Kinder und Schwiegertöchter. Jutta könnte natürlich noch einiges aufzählen, das „wie immer" ist – aber sie freut sich an der Zufriedenheit der Kinder. Ja, Werner hat der Schock und die Angst um Juttas Leben sehr verändert.

Lisa und das gewöhnliche Leben

Lisa starb mit fünfundneunzig Jahren – still und ohne viel Aufhebens, genau so, wie sie es gewünscht haben würde. Ihre zwei Söhne und ihre geliebte Schwiegertochter waren um sie, als sie – einer banalen Erkältung wegen – mit Atembeschwerden ins Krankenhaus eingeliefert werden musste. Niemand dachte ans Schlimmste, weil Lisa bisher doch alle Altersbeschwerden ohne viel Bekümmern übergangen und so gut wie nie geklagt hatte.

Lisa war ihrer kleinen Familie immer ein Vorbild gewesen. Selten hatte man sie unglücklich gesehen, sie war stets freundlich und gut gelaunt und sicher gab es niemanden, der Lisa je für irgendetwas hätte gram sein können.

Galt dies auch für Lisa? Hätte sie nicht jemandem gram sein können?

Als ihr Ehemann starb (da war sie fünfundsiebzig gewesen), ging sie in der ersten Zeit sehr oft auf den Friedhof. Jedes Mal fand sie am frischen Grab eine rote Rose. Lisa dachte an die vielen, vielen Abende, an denen sie alleine in der hübschen Eigentumswohnung gesessen hatte und sie auch im Büro niemanden erreicht hatte. Lisa dachte an die vielen Ferien, in denen ihr Mann nur die Hälfte der Zeit anwesend war, weil er die andere Hälfte für „Dienstreisen" brauchte. Und Lisa dachte auch an die erste Zeit nach der Geburt des Sohnes, als der Schock, den ihr das verunstaltete Kind verursacht hatte, noch immer nicht ganz überwunden war. „Hasenscharte", „Wolfsrachen" – wie unbarmherzig das klang. Die Ärzte nannten es natürlich anders, aber Lisa, die junge Mutter, wusste, wie dies im Alltagsgespräch hieß und wie ihre Freundinnen dies weitererzählen würden.

Natürlich hatte man sie getröstet; die moderne Chirurgie könnte alles hinkriegen, sie bräuchte sich keine Sorgen zu machen. Es stellte sich heraus, dass ihr Sohn Christian allerdings ein besonders schwieriger Fall war. Mit einer Operation war es lange nicht getan; das arme Kind musste etliche Male operiert werden und als er vier Jahre alt war, konnten gerade die engsten Familienmitglieder seine stammelnden Worte verstehen.

Lisa erinnert die vielen, vielen Besuche am Bett des verzweifelten Kindes; sie erinnert ihre eigene Verzweiflung, ihren schrecklichen Gedanken, dass dieses Kind doch nicht hätte geboren werden sollen, und sie erinnert sich an die grauenhaften Ängste, als sie in der Nazizeit das Wort vom „lebensunwerten Leben" hörte.

Christian hatte seine ganze Kindheit lang Schwierigkeiten: in der Schule (wo er natürlich gehänselt wurde), bei den ersten Flirtversuchen, mit Frauen. Er war und blieb sehr lange Zeit ein Sorgenkind, bis er diese zauberhafte Frau fand, für die Lisa jeden Tag ein Dankgebet gen Himmel schickte.

Lisa dachte aber auch daran, wie Ernst, ihr Mann, den weinenden kleinen Christian nächtelang herumgetragen hatte, wie oft er mit den Ärzten gesprochen hatte und jede noch so kleine Notiz über moderne Behandlungsmethoden in Zeitschriften ausgeschnitten hatte. Ernst war ein wunderbarer Vater gewesen – ganz besonders für den armen kleinen Christian, mit dem er nach Anweisung der Logopädin stundenlang Sprachspiele erfand und körperliche Übungen mit dem gehemmten Kind ausprobierte.

Waren seine Abwesenheiten schon in jener Zeit spürbar geworden? Lisa erinnert sich nicht so genau. Sie erinnert sich allerdings, dass sie, nach längeren Ferien von den bäuerlichen Großeltern heimgekehrt (Ernst hatte wieder einmal angeblich keinen Urlaub nehmen können), im häuslichen Ehebett eine Haarnadel gefunden hatte. Nie hatte Lisa ihr volles kurzes Blondhaar mit einer Haarnadel festgehalten. Damals hatte sie Ernst darauf angesprochen. Dieser hatte – und das war typisch für ihn – nur gelacht, sie in den Arm genommen und gesagt: „Nein, so was – eine Haarnadel: Woher die wohl kommt!" Und dann hatte er einige Wochen lang die Geschichte von der Haarnadel ganz unbefangen allen Freunden erzählt – so lange, bis Lisas Misstrauen schwand und sie das Ganze einfach als eine unerklärliche Geschichte nicht mehr bedachte.

Später ahnte sie natürlich doch sehr viel mehr, es war auch nicht zu überhören, wenn Freundinnen Andeutungen machten.

Als sie mit dem zweiten Sohn schwanger war, wollte Ernst unbedingt eine Abtreibung. „Nicht noch einmal solche Verzweiflung!", so meinte er. Aber Lisa blieb hart und siehe da:

Wolfgang war so normal geboren wie die meisten anderen Kinder und entwickelte sich problemlos. Ernst aber verweigerte von da an jede Sexualität.

Lisa war, wenn sie es recht bedachte, in ihren jungen Jahren oft recht unglücklich gewesen, allzu viel kam zusammen. Als Ernst in den Krieg ziehen musste, war ihr manchmal der schlimme Gedanke gekommen, um wie viel leichter ihr Leben doch sein würde ohne diese dauernd nagenden Zweifel, ohne die Ungewissheit, wo Ernst seinen Abend verbringen würde. Da wäre es vielleicht doch einfacher, wenn er gar nicht mehr leben würde! Lisa erschrak bei dem Gedanken, dachte an Christian, der jeden Tag für den Vater betete und immer wieder auf der großen Landkarte sehen wollte, wo denn der Vati jetzt wohl „für den Führer" kämpfe. Lisa untersagte Christian solche Reden nicht, obwohl sie diesen „Führer" aus ganzem Herzen verabscheute, mehr noch als Ernst, der sich immer zurückhielt mit seinem Urteil. Aber Christian sollte keine Schwierigkeiten in der Schule bekommen und so ließ sie es sogar noch in den letzten Kriegsmonaten zu, dass Christian „für den tapferen Führer" und das deutsche Kriegsglück betete. Wolfgang, der jüngere, war ein ruhiges und angenehmes Kind, mit dem man wenig Probleme hatte.

Ernst kam zurück – mit zerschossener Hand, die nie mehr so recht zu gebrauchen war, aber sonst war er gesund und Lisa musste einsehen, dass sich zwischen ihnen nichts geändert hatte: Freundlichkeit, Witze, Albernheiten, die sie nun nicht mehr so sehr genoss wie in ihren Anfangszeiten, und: keine Sexualität. Aber auch darüber konnte man mit Ernst nicht sprechen. „Das ist halt so bei älteren Leuten", sagte er (da waren beide Mitte vierzig), und daran gab es nichts zu rütteln. Ansonsten verlief das Leben friedlich und Lisa sah ein, dass sie einen Holzweg verfolgte, wenn sie in ihrer Ehe etwas verbessern wollte. Ernst setzte sein Eigenleben fort und Lisa fragte nicht mehr nach.

Warum sie sich nicht scheiden ließ? Lisa meint später (da war Ernst schon lange tot), damals hätte eine allein stehende Frau mit Kindern schlechte Karten gehabt, eine solche Frau sei nach dem Krieg recht jämmerlich dran gewesen und Männer hätte es in ihrer Altersklasse nur wenige gegeben. „Vielleicht war es ja auch Feigheit", meinte sie. Aber dass man mit Ernst hätte reden können: Das erscheint ihr unmöglich. „Er war dann eisern", sagte sie, „einfach undurchdringlich, starr …"

Lisa erzählt, dass sie gerade nach dem Krieg oft innerlich – und manchmal auch äußerlich – gewütet habe, dass sie immer wieder einmal fest entschlossen gewesen war, ihn zu verlassen, dass sie Fantasien entwickelt habe, ihn zu schlagen, sogar: ihn zu töten. Nach außen hin war davon wenig zu spüren gewesen, sie wollte auch Christian und Wolfgang möglichst wenig belasten und sprach mit ihnen nie über ihre Probleme. Nach wie vor waren die drei Männer gute Freunde, Christian hatte einiges von den Talenten seines Vaters, einem begnadeten Fotografen und Journalisten, mitbekommen und war ebenfalls in den Medien tätig. Wolfgang studierte Medizin und es ließ sich absehen, dass er seinen Weg ohne Mühe weiter verfolgen würde. Lisa fühlte sich nun öfter einsam.

Lisa merkte – da war sie Ende vierzig –, dass man auf diese Weise nicht gut leben konnte, so voll von unerfüllten Sehnsüchten, voll Wut und Angst. Sie konnte mit niemandem darüber sprechen, das lag ihr nicht. Aber sie schrieb in dieser Zeit sehr viel in ihr Tagebuch und dies war es auch, was ihr zu mehr Distanz von ihren Sorgen verhalf. Einsame Abende – und die gab es mehr als genug, weil Ernst ja immer bei nicht näher bezeichneten dienstlichen Angelegenheiten anwesend sein musste – waren nun ausgefüllt mit schriftlich festgehaltenen Überlegungen, wie man denn nun, wo die Jugend vorbei war, weiterleben sollte, ohne verbittert zu werden.

Lisa wurde resolut: Ihr Mann hatte viele Verbindungen – er

sollte ihr helfen, in das Verlagswesen einzusteigen, wo eine Freundin schon tätig war und gerade eine Frauenzeitschrift gründete. Ernst war wirklich damit einverstanden, half ihr zuerst und sah mit Staunen, dass seine in diesen Dingen unausgebildete Frau ein erstaunliches Talent bewies. Die Zeitschrift florierte, Lisa verdiente gut, sie liebte ihre Mitarbeiter und hatte offenbar das wichtige Talent, delegieren zu können. Lisas Leben hatte nun andere Schwerpunkte bekommen. 25 Jahre lang blieb sie in der Redaktion, ging den wechselnden Moden der Problemstellungen von Frauen nach. Nur die feministische Wendung konnte sie nicht mehr so recht mitmachen und zur damaligen Zeit wurde die Zeitschrift, die sich mit Kochrezepten und Schönheitstipps befasste und den Frauen Ratschläge gab, wie man einen Mann „halten" könne, immer unbedeutender. Da ging sie dann endlich in den Ruhestand. Dass sie selbst ein gutes Stück Emanzipation geleistet hatte, wollte ihr nicht in den Sinn. Als dies ihre Schwiegertochter in einer reizenden Festtagsrede zu ihrem 75. Geburtstag betonte, lächelte sie nur ungläubig.

Ihre Trauer um Ernst war durchaus echt; sie vermisste das gemeinsame Leben. Es war zwar nie eine innige innere Verbindung gewesen, aber man hatte sich gemütlich zusammengefunden, den Alltag mit seinen vielen Ritualen genossen und nie mehr hatte Lisa auch nur mit einem Wort gefragt, wohin Ernst denn am Sonntagnachmittag ginge, obwohl er doch schon lange in Pension war und sein gemurmeltes „Mal sehen, was da in der Redaktion läuft" absolut unglaubwürdig war. Lisa ahnte auch etwas von der Existenz einer Tochter, die um einiges jünger war als ihr jüngster Sohn – natürlich hatte man ihr Andeutungen gemacht. Aber Lisa wusste, wann man etwas nicht erzwingen kann. Sie wusste, dass sie für ihre „Feigheit" eben einen Preis zu zahlen hatte – denn dass es Feigheit war, die sie den Konflikt scheuen ließ, das sagte sie einige Male selbst sehr deutlich. Aber: „Wem hätte das genützt?", fragte sie auf Einwände ihrer Freundinnen hin.

Sie hat sich aber nicht nur äußerlich eine dickere Haut zugelegt: Lisa hat auch innerlich sehr viel Abstand gewonnen vom Hauptproblem ihres Lebens. Sie hat viel darüber nachgedacht, warum alles so hatte kommen müssen. Warum hatte Ernst sich so früh von ihr als Frau abgewandt – und offensichtlich eine gefunden, die besser zu ihm passte? War es wirklich die Sexualität gewesen? Lisa empfand sich bestimmt nicht als eine besonders sinnliche Frau, aber sie hatte doch in ihren jungen Jahren Freude gehabt am intimen Beisammensein. Was also hatte sie ihm verwehrt? Warum hatte er eine andere Frau nötig gehabt – oder waren es gar mehrere? So überlegte sie hin und her und versuchte, auch den eigenen Anteil an ihren Eheproblemen zu finden. Es gab ihr Zuversicht zu denken, dass an Beziehungsproblemen immer beide beteiligt sind – sie musste nur auch ihren Anteil finden.

Einmal las sie ein Buch (Lisa hatte nun viel Zeit zu lesen!), das ihr so etwas wie eine kleine Erleuchtung bescherte. Es handelte von einer sanften Ehefrau, die sich ziemlich viele Rohheiten gefallen ließ von ihrer Umwelt, vor allem von ihrem Ehemann. Lisa konnte sich mit der Sanftmut der Heldin sehr gut identifizieren, ganz ähnlich hatte sie auch immer gedacht und gehandelt. Aber diese Frau im Buch hatte irgendwann aufgemuckt, hatte eine radikale Kehrtwende gemacht und war einfach weggegangen von Mann und Kind. Dies hatte ihn offensichtlich aufgerüttelt. Die geschilderten Auseinandersetzungen zwischen den beiden beeindruckten sie zutiefst. Da hatte eine Frau nun einmal sehr klar ihre Rechte angemeldet, klar gesagt, was sie wollte und was nicht, und welche Konsequenzen dies habe. Und das Erstaunlichste: Der ansonsten unwillige Ehemann hatte Respekt gezeigt und seiner Frau irgendwann gesagt, dass er sie nun erst wieder neu sehen lerne und sich selbst auch, „denn" – und diesen Satz hatte Lisa wohl zehnmal gelesen … –

„jetzt erst gibst du mir ein Gefühl für mich selbst; solange ich dich beherrschen konnte, war ich selbst nichts Besonderes, dich zu besiegen war zu leicht."

Dies alles wandte Lisa auch auf sich selbst an. Nun war es zwar endgültig zu spät, aber sie wusste nun, wo der zentrale Fehler ihres Lebens lag. „Ich hätte es riskieren müssen", sagte sie sich – und seltsamerweise verlieh ihr diese Einsicht Ruhe und inneren Frieden. Sie empfand sich nun nicht mehr als ein Opfer, sie hatte mitgewirkt am spröden Gewebe ihrer Ehe – alles in allem, so urteilte sie jetzt auch, war aber trotz ihres Versagens (ja, so nannte sie das jetzt) das Zusammenleben auch mit vielen Annehmlichkeiten verbunden gewesen. Und natürlich sah sie ebenso sehr das Versagen ihres Mannes, mit dem man nicht hatte reden können. Aber hatte sie es wirklich ernsthaft versucht? Oder waren es nur immer versteckte Klagen und Anklagen gewesen, immer getragen von der Furcht, man würde dadurch einen unheilbaren Bruch herbeiführen?

Als Lisa noch älter wurde, sah sie in viele Leben ihrer Umwelt tiefer hinein. Fast überall waren wichtige Aufgaben nicht erledigt worden – und Lisa begann, dies als etwas „Normalmenschliches" anzusehen. Bei Kleist hieß das, wie sie einmal gelesen hatte, die „gebrechliche Einrichtung der Welt" – und dieses Wort hatte sie jetzt immer im Sinn, wenn sie wieder einmal von misslungenen Beziehungen, irrenden Kindern und Betrügereien hörte. Lisa lebte ihr Greisinnenleben in Ruhe und mit Freuden – sie begann, diese „gebrechliche Einrichtung der Welt" immer mehr zu lieben.

Zwei sehr unterschiedliche Lebensformen, zwei sehr unterschiedliche Charaktere. Natürlich sieht auch ihre ganz spezielle Form der Gelassenheit sehr unterschiedlich aus.

Lisas Weg ist ganz und gar von einem inneren Kampf bestimmt. Sie hat irgendwann in ihren Vierzigern schon gemerkt, dass das ewige innere Grollen und Räsonieren selbstzerstörerisch ist, dass sie sich damit also keinen Gefallen tut. Sie hat die Initiative zuerst nach innen hin ergriffen und gut überlegt. Ihr Tagebuch war in jener Zeit sehr wichtig. Um mit einem Tagebuch wirklich den eigenen Weg konstruktiv begleiten zu können, bedarf es eines feinen Gespürs für die Bedürfnisse der eigenen Seele. Der erste wichtige Schritt nach außen war dann die Berufsarbeit, die es ihr ermöglichte, die Konzentration auf ihre Eheproblematik zu vergessen. Es ist ja dieses Sich-Fixieren auf eigenes Unglück, das jede Gelassenheit zunichte macht, das jedes Ungemach des Alltags noch vervielfältigt. Lisa hat noch in ihren mittleren Jahren einen Weg gefunden, ihr Leben und das ihrer Familie angenehm zu gestalten.

Ein ebenfalls sehr wichtiger Schritt in der Bewältigung ihrer Lebensproblematik aber lag dann noch eine Weile später in ihren Überlegungen zum eigenen Anteil am Geschehen. Dies erst gab ihr die letzte Freiheit, die ein Mensch braucht, um mit sich und der Welt ins Reine zu kommen. Lisa fand heraus, dass sie nicht nur ein Opfer war. Sie hat ihr eigenes Versagen in der Ehe bedacht und hat sich befreit von dem Gedanken, dass sie schuldlos sei. Denn dies ist gerade bei unseren verunglückten engsten Beziehungen der wichtigste Gedanke, den man leisten muss: sich klar zu machen, wie sehr man selbst mitbastelt am eigenen Unglück. Warum ist gerade dies so wichtig für das innere Wohlbefinden? Es ist deshalb wichtig, weil man sich nur auf diese Weise darauf besinnen kann, dass man ein handelndes Subjekt ist – und das macht stolz, gibt Freiheit und Selbstsicherheit. Der „Opfer-Status" enthebt in gewisser Weise zwar aller Verpflichtungen, aber er macht unglücklich und verbittert. Nur die Einsicht, dass man selbst mitwirkt am eigenen Leben, gibt Gelassenheit – auch den eigenen Schwächen gegenüber.

Natürlich gibt es Dinge, die wir nicht beeinflussen können. Lisa selbst hat das große Unglück ihrer Jugend, die Behinderung des Sohnes, als ein solch unbeeinflussbares Schicksal hinnehmen müssen. Lisa hat dies natürlich als Unglück erlebt, aber es hat sie nicht mit Groll und Verbitterung erfüllt. Sie hat dankbar annehmen können, dass Ernst ihr half, dieses Schicksal zu meistern. Auch das ist eine innere Leistung: wenn man die guten Anteile einer Beziehung sehen kann und nicht auch diese in Bitterkeit und Galle ertränkt.

Lisas Gelassenheit als alte Frau wurzelt darin, dass sie ihr Leben als handelnde Frau und als eine, an der auch einiges ohne ihr Zutun geschah, abwägen kann. Sie sieht als eine nunmehr lebensweise Gewordene, dass es nirgends Vollkommenheit gibt, dass Menschen „eingerichtet" sind auf immer wieder neues Versagen, aber auch auf die Möglichkeit, es immer wieder neu zu versuchen. Sie hat gelernt, von ihrer eigenen Person ein Stück weit abzurücken und ihre Gekränktheit damit zu überwinden.

Werner liegt das viele Reflektieren über sein eigenes Leben viel weniger als Lisa. Er ist ein Mann der Tat, der rationalen Überlegung. Dass es noch ganz andere Möglichkeiten der Lebensbewältigung gibt als ein kurz gefasstes Vernunftdenken, ist ihm fremd. Er muss sozusagen „mit der Nase" drauf gestoßen werden, wie zerbrechlich unser Glück sein kann und wie leicht es uns aller Rationalität zum Trotz entrissen werden kann. Juttas Krankheit hat ihm neue Handlungsmöglichkeiten eröffnet. Er fühlte sich nun verantwortlich für sie und konnte dadurch auch den ewigen Kampf um seine eigene, anscheinend rationale Lebensart lockern. Und siehe da: Damit ergeben sich auch andere Bewältigungsformen für ganz andere Lebensbereiche, zum Beispiel für den Konflikt mit dem Sohn. Dieser beunruhigt Werner nun nicht mehr so sehr.

Werner hat handelnd erfahren, dass seine eigenen Ansichten nicht das Nonplusultra sind, dass er „zurückstecken" kann, ohne an Autonomie zu verlieren. Er hat dadurch eine neue Form der Selbstgewissheit gewonnen: die Einsicht, dass der freiwillige Verzicht auf ein Stück Selbstbestimmung ebenfalls ein Zeichen von Autonomie sein kann. Die zeitweilige Aufgabe der Ordnung in seiner ängstlich gehüteten Wohnung durch Juttas Anwesenheit in einem der Zimmer war dabei ein sehr wichtiger Schritt. Ob Werner solche Dinge sehr scharf überlegt, ist zweifelhaft – aber er handelt richtig und gewinnt dadurch an Gelassenheit auch den eigenen „heiligen Kühen" gegenüber.

Diese beiden kurzen Lebensläufe zeigen ein ganzes Panorama von Überlegungen und Handlungen, von verantworteten und unverantworteten Schicksalsschlägen und vom Versagen und Gelingen bei wichtigen Lebensaufgaben. Als eine geheime Leitlinie aber bei all diesen Windungen des Lebensweges könnte man sehen, dass es mehr oder weniger Gelassenheit ist, die unseren Weg ganz entscheidend bestimmt. Und noch eines kann man sehen: dass Gelassenheit ein aktiver Vorgang ist, einer, den man sich erringen muss.

Gelassenheit – warum denn?

Gelassenheit: In diesem Wort steckt viel drin vom „Etwas-sein-Lassen" und vom „Loslassen", vielleicht sogar vom „Fallen-Lassen".

Was aber soll denn speziell im Alter „losgelassen" werden? Was soll man so lassen, wie es ist? Ist das nicht gerade das, was man nicht unbedingt empfiehlt, wenn man alt wird? Kann man nicht überall hören und lesen, dass man sich nicht fallen lassen soll, dass man nicht alles so nehmen sollte wie es kommt – auch und gerade nicht, wenn man das Alter herannahen spürt? Ich erspare mir die Wiederholung der vielen Ratschläge, die man als alter Mensch bekommt: altersgerechtes Essen, Konditionstraining, Gedächtnistraining, Yoga, Seniorenclubs, Geriatrika, kosmetische Ratschläge bis hin zu Operationen etc. Doch: Ist das meiste davon nicht wirklich sinnvoll? Keiner von uns will sich dem Alter einfach „überlassen", was das Wort „Gelassenheit" ja vielleicht auch nahe legt. Ist das vielleicht falsch?

Vielleicht muss man ja eine Gratwanderung machen, eine, die genau unterscheidet zwischen einem resignativen Sich-fallen-Lassen und einer Gelassenheit, die etwas mit Überlegungen und einem In-sich-Hineinhorchen zu tun hat: eine Gratwanderung zwischen Jugendwahn und Altersresignation, zwischen Manie und Depression – eben dorthin, wo sich der Weg zur Trauer hin lichtet, und von dort aus weiter, vielleicht in ein noch sehr fernes Land, das Gelassenheit mit Freude überstrahlt.

Soll man sich also dem Alter „überlassen"?

Ich bin jung, weil ich junge Freunde habe

Es gibt viele alte und ältere Menschen, die stolz darauf sind, dass sie „viele junge Freunde" haben, und natürlich kann man es sehr begrüßen, wenn alte Menschen sich auch für die jüngere Generation interessieren. Diese Jüngeren versichern häufig den Alten auch, dass sie „erstaunlich jung" seien, dass man ihnen ihr Alter nie ansehen würde etc. Das macht stolz und gibt Gelegenheit, das Alter auch zu vergessen.

Vergessen – oder auch: verdrängen. Ich bin immer ein wenig misstrauisch, wenn alte Menschen keine Freunde gleichen Alters haben. Die vielen lustigen Geschichten über uralte Menschen im Heim, die sich dort nicht wohl fühlen, „weil die anderen alle so alt sind", haben zwei Seiten. Natürlich sind die Verwandten manchmal ganz froh, wenn die alte Großmutter oder der alte Vater sich noch jung fühlen – wenngleich man doch mit einiger Belustigung merkt, dass es eben gar nicht so weit her ist damit: Das Gedächtnis macht merkwürdige Sprünge und die körperliche Kraft lässt auch zu wünschen übrig.

Dieses Sich-Verbinden mit der Jugendlichkeit und mit jungen Menschen lässt leicht vergessen, dass Altern ein Prozess ist, den man innerlich und äußerlich begleiten muss. Und eine solche Begleitung sind natürlich auch die anderen alten Menschen, die man trifft.

Wenn Kinder sich nur mit Erwachsenen abgeben wollen, dann gilt dies als ein Entwicklungsdefizit: Sie wollen möglicherweise die gleichaltrige Konkurrenz ausschalten, sie fürchten, von anderen Kindern nicht anerkannt zu werden, sie wollen auf die „leichte Tour" Anerkennung bekommen. Wenn alte Menschen sich nicht mit Gleichaltrigen oder sogar Älteren umgeben wollen, dann könnte man dies ebenso als eine Entwicklungsverweigerung ansehen – sie wollen sich selbst nicht im Spiegel ihrer eigenen alterstypischen Veränderungen und leider auch Defizite sehen, wollen nicht in den „Club der Verlierer" eingereiht werden und vor allem: Sie wollen auch nicht in ihre eigene Zukunft blicken. Der andere ältere Mensch spiegelt nicht nur eigene Defizite wider, er hat vielleicht auch schon solche, die man schlimmstenfalls erwarten kann. Der andere Alte (der Schulkamerad, der Jugendfreund, der ebenfalls pensionierte Kollege …) zeigt sehr deutlich auf, dass Jugend eben doch nicht machbar ist – aber vielleicht ist man selbst ja eine Ausnahme? 90 Prozent aller befragten älteren Amerikaner behaupten von sich, dass sie überdurchschnittlich jung wirkten – verglichen mit ihrem Alter. Ähnliches fand Baltes in seiner Altersstudie. Ebenso viele Personen sagen übrigens von sich selbst, dass sie überdurchschnittlich intelligent seien! Meine eigene Untersuchung an Menschen zwischen sechzig und siebzig ergibt etwas Ähnliches: Fast alle ließen mich kokett raten, für wie alt ich sie hielte. Ich zog dabei immer fünf Jahre ab, weil ich das Spiel kenne; erst dann fühlten sich die meisten richtig eingeschätzt und gaben gerne ein Interview.

Haben es andere Kulturen besser?

Wir leben in einer Jugendkultur und alle Ermahnungen, die immer größer werdende Gruppe der Alten besser einzubeziehen in das Bild des Menschen, scheinen daran nichts zu ändern. Dass unsere Vorstellungen von der Idylle für die Alten in einer traditionellen Kultur wenig taugen, ist inzwischen auch schon klar geworden. Die Einstellung zu den Alten, sagt Rosenmayr, ist immer ambivalent. Es wechselt Verehrung mit Abwertung. Je ärmer eine Gesellschaft ist, desto eher sind die Alten, die unnützen Esser, bedroht. Wir kennen sogar arme Gesellschaften, die in Hungerszeiten den Gerontozid praktizieren. Alte Menschen werden dann ausgesetzt (wie z. B. bei den Eskimos) und sterben außerhalb ihres Stammes. Aber auch die Religion spielt eine große Rolle bei der Frage, ob man die Alten zu ehren hat oder nicht. Wenn den Alten das spirituelle Leben – z. B. die Aufrechterhaltung der Verbindung zu den Göttern oder zu den Ahnen – überantwortet wird, dann genießen sie große Verehrung. In traditionellen Kulturen sind es häufig auch die Alten, die bestimmte wichtige Kompetenzen, die man zum Überleben braucht, lehren können – ihr Wissen ist gefragt.

Dies ist in unserer Gesellschaft nicht ausgebildet. Die alten Menschen, die immer mehr werden, greifen in bedrohlicher Zahl nach dem Staatssäckel, von den Kompetenzen, die in einer modernen Welt nötig sind, verstehen sie meist nichts, und ein Zusammenhang von Religion und Alter nützt auch keinem – obwohl er gegeben ist: Alte Menschen halten eher an religiösen Übungen fest als junge und fühlen sich auch oft gestärkt durch ihren Glauben.

Warum sollte man sich eigentlich jung fühlen?

Sich „jung fühlen": Was soll das denn heißen, wenn man die Sechzig überschritten hat? Soll es bedeuten, dass man die Entwicklungsgesetzlichkeiten der Jugend noch immer zu befolgen hat, das heißt: dass man eher expansiv eingestellt ist, sich mit einer Zukunft befasst, in der man seine Möglichkeiten erweitert, sich noch ausprobieren muss und die eigenen Kompetenzen noch eine sehr große Rolle spielen?

Das Leben des Menschen ist lange Zeit auf „Erweiterung" eingestellt. Was sich nicht auf natürliche Weise erweitert – durch Wachstum und Zunahme von Gewebe, weitere Vernetzung von Neuronen etc. –, lässt sich noch lange Zeit durch den Einsatz von Verstand, Erfahrung und Wissen erweitern. Dieses Modell des allseits kompetenten Menschen zu verlassen, ist schwer. Das Gegenmodell, der langsam schwächer werdende Mensch, ist etwas, was unseren Narzissmus unendlich kränkt.

Leben, so sagt Schmidbauer in seinem Buch „Altern ohne Angst", ist Bewegung und Saft. Im Alter wird die Bewegung immer langsamer, die Körpersäfte werden weniger, also werden die Einschränkung der Bewegung und die Tatsache, dass alle Verletzungen, alle Krankheiten des Organismus nicht mehr schnell vorübergehen, als eine tiefe Bedrohung empfunden.

„Man ist so jung, wie man sich fühlt" – diesen oberflächlichen Spruch bekommt man als Trostpflaster aufgedrückt, wenn die typischen Alterswehwehchen kommen. Was soll er heißen und worin besteht seine Wahrheit?

Freud sagte einmal, dass das Unbewusste keine Zeit kennt. Diese tiefe Weisheit kann jeder bestätigen, der sich näher einlässt mit alten Menschen. Die Trieb- und Wunschwelt ist immer gewärtig; unsere Gefühle sind ähnlich wie die von Siebzehnjährigen, wenn sich ein Siebzigjähriger verliebt, eine Achtzigjährige noch immer mit der älteren Schwester hadert, weil die immer bevorzugt wurde, oder eine über Neunzigjährige strahlend feststellt, dass ein Mann (nämlich ihr Schwiegersohn) eben doch einen ganz anderen Griff hat, wenn er sie in den Rollstuhl setzt.

Unsere Gefühle sind tatsächlich oft noch sehr jung: Es gibt natürlich Zwanzigjährige, die bestimmter Gefühlsstürme gar nicht mächtig sind – altersabhängig ist all dies also nicht.

Und wir kennen sowohl aus der Literatur als auch aus eigener Erfahrung Berichte über die etwas lächerlich wirkenden alten Männer auf Brautschau oder die überdrehten, jugendlich zurechtgemachten Damen mit übertriebenem Flirtgehabe.

Aber: Diese Gefühle – und das macht einen großen Unterschied – müssen nicht in derselben stürmischen Weise ausgelebt und durchgesetzt werden wie in der Jugend. Die Steuerung der Gefühle ist es, die den Unterschied macht.

Wenn ich behaupte, dass die Entwicklungsgesetzlichkeiten

der Jugend nicht für das Alter gelten können, dann sind also nicht die „ewig jungen" Gefühle gemeint, sondern ihr Umgang damit.

Darunter aber liegen noch sehr viel basalere Einsichten und Kränkungen. Es wird mit Recht von vielen Gerontologen betont, dass das Alter eine narzisstische Kränkung darstellt. Auch dies ist nicht unbedingt für alle Kulturen wahr, aber für moderne westliche Industrieländer gilt es sicher. Es ist die Kränkung dessen, was „Leben" bedeutet gegenüber dem Tod.

Leben aber heißt: Ausbreitung, Zuwachs an Kraft, an Möglichkeiten. Unser naives Selbstwertgefühl ist in hohem Maß abhängig davon, dass wir uns auf die Gesetzlichkeit der Bewegung verlassen können. Das betrifft ganz basal die Beweglichkeit unserer Glieder, das betrifft in noch größerem Maß die Beweglichkeit des Geistes und natürlich auch die Beweglichkeit, mit der wir unsere soziale Welt managen. „Lieben und arbeiten können" hat Freud als Zeichen seelischer Gesundheit gewertet. Beides scheint im Alter bedroht.

Ist also das Alter eine Krankheit?

Im Alter werden alte Ängste mobilisiert, Ängste die denen der Pubertät oft in nichts nachstehen. Es sind die Ängste, die unseren Selbstwert betreffen, weil wir den gewohnten Gesetzen der Bewegung nicht mehr entsprechen.

Dieser Abfall des Selbstwertgefühls kann ganz langsam als immer tiefere Einsicht geschehen, der die Depression folgt; es kann aber auch einen plötzlichen Ruck geben, der klarmacht: Du bist alt. Bei vielen Menschen ist es eine Krankheit, ein selbst verschuldeter Unfall. „Sie sollten in Ihrem Alter keine großen Bergtouren mehr machen!", „Möchten Sie nicht lieber auf Langlauf umsteigen?" – das sind Stiche, die man bekommt. Und man weiß, dass der Arzt Recht hat.

Noch schlimmer ist die Erkenntnis, dass auch banale Krankheiten – eine Grippe, eine Angina – nicht mehr schnell zu überwinden sind. Auch die größte Kraftanstrengung kann nicht verhindern, dass man nach zwei Tagen wieder im Bett liegt, weil man zu früh aufgestanden ist. Wunden verheilen langsamer: Hat man sich in der Küche mit dem Brotmesser geschnitten, dann hat man tagelang ein ungutes Gefühl in der Hand, obwohl doch die Wunde ganz harmlos ist. Und die Langsamkeit, mit der man die Tagesroutine erledigt, ist auch nicht zu verleugnen. Mit einem Wort: Man ist ein Versager.

Die körperliche Fitness ist es aber nicht alleine – es ist auch die schwindende Schönheit, die vor allem Frauen gegen den Strich geht. Irgendwann wird klar: Kosmetik kann nicht darüber hinweghelfen, weder Falten noch trockene Lippen noch die nunmehr kleineren Augen können wirklich korrigiert werden. Und welchen Stich kann es einer früher sehr attraktiven Frau geben, wenn Kinder oder Enkel feststellen: „Du *warst* sicher sehr schön, Omi!"

Dies alles ist nicht wegzuleugnen, nicht einmal die Verdrängungmechanismen helfen da viel weiter.

Leben zwischen Wachsen und Vergänglichkeit

Leben ist Wachsen, ist Bewegung, ist Veränderung. Aber: Leben ist auch „Vergänglichkeit" und menschliches Leben hat noch einen ganz besonderen Glanz: Es kann reflektiert werden.

Und diese Reflexion über Bewegung und Vergänglichkeit ist die Basis der Gelassenheit. Sie ist nicht – das ist Reflexion nie – alles, was es braucht, um zur Gelassenheit zu kommen. Aber diese Reflexion kann helfen.

Unser Selbstwertgefühl ist allzu sehr gekoppelt an diejenigen Gesetze des Lebens, die Bewegung und Veränderung beinhalten. Wir sind seit Kindheit der Meinung, dass wir diese Gesetze erfüllen müssen, um wertvoll zu sein. Und unsere Umgebung hat uns das auch meist eingetrichtert: „Strenge dich an, um so gut zu werden wie XY!", „Du kannst, wenn du willst!", „Wie schön, nun hast du zum ersten Mal gar keine Fehler gemacht!", „Das erste Wort, der erste Schritt …" – Unser ganzer Entwicklungsweg ist voll von Rufen der Aufmunterung, des Lobes und des Tadels, die sich auf unsere fortschreitende Entwicklung beziehen. Geht etwas nicht mehr so gut, dann haben wir bestenfalls Schweigen rund um uns. Etwas anderes können wir uns gar nicht vorstellen und entsprechend sind auch unsere Gefühle für uns selbst.

Alle diese Entwicklungsschritte der jungen Menschen sind von außen sichtbar, sie sind korrigierbar, wenn sie nicht ganz korrekt sind, sie können sich oft selbst übertreffen.

Was nicht so leicht sichtbar ist, sind geistige Entwicklungsschritte – diejenigen Entwicklungen, die voraussetzen, dass einer / eine aus dem Kreis des Entwicklungsdenkens heraustritt und die von Watzlawick und Fisher so genannten „Lösungen zweiter Ordnung" anpeilt. Als eine Lösung zweiter Ordnung sieht man solche Lösungen an, die nicht sofort das Problem an sich ins Auge fassen, sondern sich die gesamte Problemlage erst einmal aus der Distanz ansehen.

So kann ich z. B. mein unkonzentriertes Kind bei den Hausaufgaben immer wieder ermahnen, kann ihm Belohnungen versprechen, kann Konzentrationsübungen machen. Ich kann aber auch zurücktreten und überlegen, ob es wirklich so wichtig ist, dass dieses Kind sich konzentriert. Vielleicht ist es noch nicht schulreif, vielleicht steckt ein Kummer in ihm, vielleicht ist die Umgebung schlecht – all dies kann dazu führen, dass man die Lösung des Problems nicht direkt anpeilt, sondern eine Lösung „zweiter Ordnung" sieht, zum Beispiel für eine ruhigere Umgebung zu sorgen oder auch die Rückstellung des Kindes aus der

Schule. Das aber ist eben nichts anderes als eine Dezentrierung, ein Aus-sich-Heraustreten, eine sich selbst und die Situation reflektierende Beobachtung.

Man nennt dies auch die „ex-zentrische" Daseinsform, die wahrscheinlich nur dem Menschen möglich ist und die man im Laufe der Entwicklung langsam und oft mühsam erlernt. Auf dieser ex-zentrischen Art zu leben beruht auch die Fähigkeit, sich zu „de-zentrieren", also: von sich abzusehen, sich „von außen" zu sehen, meist buchstäblich von außen, mit den Augen anderer Menschen. Diese Dezentrierung kann im Alter wehtun. Sie ist es, die das Urteil fällt: „Du entwickelst dich nicht mehr weiter, im Gegenteil: Du fällst zurück." Das betrifft, wenn man ehrlich ist, sehr viele Bereiche: das Äußere, die Kraft, die intellektuelle Beweglichkeit, das Gedächtnis, das Interesse, das man bei anderen hervorruft – beim anderen Geschlecht, bei Jüngeren, bei den eigenen Kindern. Nicht alle Gebiete sind gleichermaßen betroffen. Sich darüber klar zu werden, in welchen Gebieten man besonders wenig Entwicklungsmöglichkeiten mehr hat und welche Gebiete einem besonders abgehen, ist schmerzhaft. Das ist bei einem – je nach individueller Besonderheit und Lebensbereich – die mangelnde Körperkraft (das mag einem anderen gleichgültig sein), die Unfähigkeit, sich den Inhalt von Büchern zu merken, oder die sehr viel geringere Anziehungskraft, die eine Frau in Bezug auf Männer merkt usw.

All dies erzeugt Angst, Schrecken, Trauer. Es kann auch Depression erzeugen und die sehr hohen Suizidraten alter Menschen in den westlichen Industrienationen (in traditionellen Kulturen ist das Phänomen der Depression nicht bekannt) verweisen darauf, wie schwer wir es haben, uns mit den Altersdefiziten auseinander zu setzen.

Psychische Probleme

Gerontologen (z. B. Heuft, Kruse und Radebold) geben sieben alterstypische Angststörungen an: die Angst verrückt zu werden, generalisierte Lebensangst, Angst um die Existenz, Angst vor Hilflosigkeit, Angst vor Krankheit, Angst vor ungesteuerten Veränderungen, Angst vor Entwicklungsaufgaben. Nun sind die meisten dieser Ängste gerade für das Alter gar nicht so sehr unrealistisch. Was sie zur Pathologie erstarren lässt, ist die Art der Bearbeitung, nämlich: der Absturz in die Depression (schlimmstenfalls in den Suizid) oder der Absturz in die Pflegebedürftigkeit, also die Regression.

Wenn man Realängsten gegenübersteht, dann ist es bekanntlich wichtig, sich mit diesen auch ganz real und vernünftig auseinander zu setzen. Und das ist eben der erste Schritt zur Gelassenheit: sich sehr realistisch über die eigenen Defizite klar zu werden und sie einzubauen in ein Gesetz des Lebens, das wir die meiste Zeit des Erwachsenenlebens nicht zur Kenntnis genommen haben. Es ist das Gesetz der Abwärtsentwicklung – gesehen von einem Fortschrittsdenken her, von einem Denken, das immer „mehr desselben" will. Mehr desselben gibt es im Alter in fast keinem Bereich. Aber: Es gibt ein „anders als bisher". Und dies ist das Heraustreten aus dem Kreis des „höher, weiter, besser" und sich die Begeisterung für die Entwicklung einmal anders anzusehen. Es besteht darin, das Leben so zu sehen, dass auch der Entwicklungsgedanke nur eine Möglichkeit unter vielen ist; dass das Transzendieren dieses Gedankens aber vielleicht reiche andere Möglichkeiten bringen kann. Einen „geordneten Rückzug" nennt Schmidbauer dies, und ich denke, dass die Ordnung eben darin liegt, dass man sich die Relativität des Entwicklungsgedankens ganz klar macht.

Ich will im Folgenden eine kleine Erzählung des Neuropsychologen Oliver Sacks wiedergeben. Sie hat mich immer schon tief berührt und je älter ich werde, desto mehr sagt sie mir gerade in Bezug auf die Möglichkeiten einer „Lösung zweiter Ordnung".

Die Geschichte handelt von eineiigen Zwillingsbrüdern, so genannte „idiots savants". Die beiden sind debil, in allen ihren Entwicklungsschritten so weit zurückgeblieben, dass sie auch als Erwachsene im Heim versorgt werden müssen. Sie haben aber für sich ein wunderbares Land entdeckt, in dem sie mühelos spielen: das Land der Zahlen. Im Kopf können sie die schwierigsten Zahlen kombinieren, multiplizieren, addieren, subtrahieren etc. Sacks, der sich ebenfalls gerne mit Zahlenspielen beschäftigt, schleicht sich sozusagen in ihre Spiele ein, indem er das Potenzieren und die Reihen von nicht teilbaren Zahlen einbringt – etwas, was die beiden ohne Worte sofort begreifen und begeistert mitmachen. Sie sind stundenlang versunken in ihrer Welt und machen den Eindruck völlig glücklicher Kinder. Sacks meint in seiner poetisierenden Sprache, sie würden die Zahlen wohl wie „Engel" betrachten.

Irgendein entwicklungssüchtiger Fachmann kommt nun auf die Idee, diesen beiden debilen Personen, die außerhalb des Heimes zu gar nichts nütze sind, etwas beizubringen: Sie lernen, mit dem Bus zu fahren, mit Geld umzugehen und in einer beschützenden Werkstatt einfache Arbeiten zu verrichten. Man trennt sie außerdem, damit sie sich nicht immer wieder in ihre „sinnlose" Welt einspinnen. Sacks sieht sie nach ein paar Jahren wieder: zwar in einigen Bereichen kompetenter als zuvor, aber stumpf vor sich hin vegetierend. Auf seinen Versuch, mit ihnen wieder Zahlenspiele zu spielen, gehen sie nicht mehr ein.

Man hat sie hineingezwungen in das übliche Entwicklungsschema, wahrscheinlich bekommen sie in einem Test jetzt einige Punkte mehr. Damit aber hat man sie herausgerissen aus ihrer „Lösung zweiter Ordnung", in der diese Entwicklungspunkte für sie keinerlei Wert hatten.

Das alles meine ich, wenn ich den ersten Schritt zur Gelassenheit beschreibe.

Es ist aber dieser erste Schritt eine Voraussetzung für anderes. Dieses „Andere" besteht nun nicht unbedingt darin, dass man Gedächtnistraining macht oder ins Fitnessstudio geht. Dies kann recht vernünftig sein und wenn es Körper und Seele brauchen: warum nicht?

Der zweite Schritt ist die Erfindung oder Entdeckung von etwas Neuem. Dies entsteht eben auf der Basis dieser transzendierenden Bewegung, die nicht mehr im Kreis herumläuft, sondern über das Problem „hinaus" sieht. Es ist etwas Neues, das nicht unter dem Quantitätsgesichtspunkt beurteilt wird. Das Neue ist „etwas anderes" und nicht „mehr vom Gleichen". Übrigens kann dies durchaus etwas Altes sein, das aber – unter anderen Gesichtspunkten betrachtet – anders ist als früher.

Altes und Neues im Alter

Gerontologen haben das so genannte SOK-Modell entworfen. Das bedeutet: selektive Optimierung mit Kompensation. Konkret ist es der Vorschlag, nur mehr selektiv bestimmte Dinge anzustreben, diese mit Konzentration zu tun und dann Kompensationsmechanismen einzuschalten. Rubinstein, der große Pianist, konnte dies intuitiv sehr gut: Im Alter spielte er nur mehr bestimmte Stücke, übte viel und wurde vor schnellen Passagen ein klein wenig langsamer, damit man seinen altersbedingten Mangel an Schnelligkeit nicht bemerke. Dies scheint mir ein guter Ansatz – vorausgesetzt, er wird nicht wiederum dazu verwendet, einen Entwicklungsgedanken durch die Hintertür hereinzulassen. Alter bedeutet irgendwann Abbau (für viele etwa ab achtzig) – aber Alter bedeutet nicht notwendigerweise Tatenlosigkeit, Angst und Depression. Aber niemand wird wohl um die Trauer herumkommen, wenn er alt genug wird.

Vorausgesetzt, der alte Mensch hat sich mit dieser Trauer befasst: Dann wird er auch ohne Depression bleiben und mutig werden in Bezug auf seine Lebensgestaltung. Diese aber soll nicht – wie es bei allen Anti-aging-Debatten durchschimmert – wiederum unter dem Vorzeichen der Weiterentwicklung geschehen. Die Vorzeichen, die nun nötig sind, heißen: Lust und Disziplin, Fantasie und Gestaltung. Natürlich kennen wir diese Vokabeln – aber wir kennen sie meist unter dem Vorzeichen des „Immer-besser-Seins", Ansprüchen zu genügen, sich in Konkurrenz zu befinden. Allenfalls kennt der eine oder andere aus dem Hobby-Bereich etwas von diesem lockeren Umgang ohne Ehrgeiz. Aber wenn man sich sehr genau erforscht, dann ist es auch dort recht selten.

Nun aber, wo Gelassenheit das Zepter schwingt, können wir uns von der antreibenden Peitsche der Entwicklungsmöglichkeiten befreien. Wir *müssen* kein Gedächtnistraining machen, damit wir uns wieder zehn Dinge ohne Notizzettel merken. Allenfalls können wir dies ausprobieren, wenn es Spaß macht. Das macht es aber meist nur kurz! Wir müssen nicht zehn Kilo abnehmen, wenn es uns eigentlich nichts ausmacht, dass unsere Röcke einen Gummizug bekommen. (Natürlich gibt es dabei Ausnahmen, etwa wenn die Gesundheit bedroht ist!) Und wer hat eigentlich je behauptet, dass man das Konditionstraining so aufbauen muss, dass Steigerungen angepeilt sind?

Der Abschied vom Entwicklungsgedanken (also vom „immer höher, immer weiter, immer besser") geht nicht von einem Tag auf den anderen. Es wird immer Bereiche geben, wo wir dem jugendlichen Drang nach „mehr" folgen können; es kommt vor allem drauf an, sich dessen immer klarer bewusst zu sein und nach und nach davon Abschied nehmen zu können, ohne dass man in Apathie und Resignation verfällt. Meine musikalisch sehr begabte Großmutter gab das Klavierspielen, in dem sie es allen Aussagen zufolge zu beachtlicher Meisterschaft gebracht hatte, mit Ende Dreißig auf, weil sich die ersten Anzeichen von Rheuma zeigten. Sie hat es nie mehr aufgenommen, weil sie ihre „alte Geläufigkeit" ja doch nicht mehr bekommen könnte. Meine Mutter spielte bis einige Wochen vor ihrem Tod mit vierundachtzig Jahren – das Rheuma, das auch sie spürte, wurde nach Meinung der Ärzte gerade deshalb nie so schlimm – und sie war sehr vergnügt, wenn ihre Klavierlehrerin ihr attestierte, dass sie wenig an Kenntnissen eingebüßt hatte.

Einsamkeit

Die drohende Einsamkeit im Alter ist ein besonders wichtiges Thema und es bedarf gesonderter Überlegungen. Es ist ein unumstößliches Gesetz, dass wir im Alter immer mehr Freunde einbüßen. Die Familie kann das meist nicht kompensieren; die kinderreiche Familie, die mit vielen Enkeln und Urenkeln aufwarten kann, gibt es kaum mehr, die Bande sind durch räumliche Mobilität gelockert. Wie also kann man mit diesen Verlusten fertig werden?

Ich denke: In gewisser Weise kann man damit nie fertig werden. Der Verlust alter Weggefährten kann nicht wettgemacht werden. Auch hier ist Trauer nicht zu leugnen und zu überspielen. Es scheint allerdings, als habe die Natur eine kleine Erleichterung eingebaut bei diesen Verlusten: Sehr alte Menschen leiden meist nicht mehr so scharf, wenn sie Altvertraute verlieren. Manchmal mischt sich, ob wir es wollen oder nicht, etwas wie Triumph hinein in die Trauer: „Ich aber lebe noch!" Das nahe eigene Ende scheint Trauer im höheren Alter zu mildern. Trotzdem: Es ist traurig. Es ist schmerzlich, alte Freunde und Familienangehörige zu verlieren.

Einsamkeit aber ist nicht unbedingt das Resultat – obwohl sicher die volle Welt des Sozialen auch für denjenigen, der sehr gesellig ist, sich kaum mehr entfaltet.

Aber gerade dies ist nun wirklich eine große Chance für alte und ältere Menschen. Nun müssen Beziehungen – alte und neue – sehr genau überprüft werden. Es geht darum, sich über den eigenen Beziehungsstil klar zu werden.

Ein Sechsundsiebzigjähriger beklagte sich bei mir, dass er seine Freunde so viel öfters anrufe als sie ihn: Das sei er nun bald leid. Wenn die kein Interesse an ihm hätten … Auf genaueres Nachfragen stellte sich heraus, dass es sich meist um jüngere Freunde handelte, bei denen er sich „in die Warteschlange reihen" musste, wie er sich ausdrückte. Allerdings sagte er auch, dass die Treffen mit diesen Freunden immer recht belebend und wohl für alle angenehm seien. Dass er, ein früher beruflich recht anerkannter Mann, nun „werben" solle, war ihm aber unangenehm. Wir überlegten, wie viel mehr seine jüngeren Bekannten zu tun hätten als er, wie sehr sie sogar noch um den Aufbau ihrer Existenz bemüht seien – und dass daher die Tatsache, dass er den Kontakt pflegen müsse, nichts Beschämendes sei. Was er außerdem noch zu bedenken lernte: dass er sich nicht so sehr zurückhalten müsse, wenn es um persönliche Dinge ginge. Er hatte einen noch immer recht konservativen Beziehungsstil, der für einen Mann in der Öffentlichkeit vielleicht günstig ist, aber dort, wo man wirklich enge und nahe Beziehungen möchte (und das wollte er!) allzu steif wirkt. Auch sein Männerbild war noch geprägt von den Vorstellungen des „richtigen Mannes", der Gefühle nicht unbedingt zeigt. Da berufliche Gemeinsamkeiten aber jetzt wegfielen, verlor er sich bei seinen Gesprächen oft in unerheblichen Dingen wie Zahnarztbesuche, das Wetter oder neue Möglichkeiten des Einkaufens. Es war übrigens nicht schwer, bei diesem Mann Verständnis zu wecken für diesen etwas unergiebigen Beziehungsstil –

und das neu erwachte Interesse seiner Freunde an ihm bestärkte ihn.

Auch alte Menschen können also dazulernen, wenn es um Beziehungen geht. Dies sind Entwicklungen, die nicht durch ein „Mehr desselben", sondern durch ein „Anders" gekennzeichnet sind. Mit ziemlicher Sicherheit werden wir im Alter weniger Kontakte haben. Wir können aber etwas anderes daraus machen, wenn wir unseren Narzissmus auch in diesem Bereich abbauen.

Unsere Kinder sind nicht in derselben Weise an uns interessiert wie wir an ihnen. Wenn wir Glück haben, lieben sie uns trotzdem – aber unsere Probleme und Kümmernisse sind ihnen schnell zu viel. Ihr eigenes Leben ist wichtiger – mit Recht. Dass wir nun alles von ihnen zurückbekommen, was wir früher hineingesteckt haben an Fürsorge und Liebe: Dieses Sparkassendenken sollten wir uns verbieten. Ist die Beziehung zu ihnen intakt, dann werden sie merken, wenn wir sie wirklich brauchen. Neurotische Verschmelzungswünsche, die Forderung nach genauer Berichterstattung: Das alles ist vielen von ihnen nur lästig und sie reagieren dementsprechend. Auch hier müssen wir uns die Beziehungsgestaltung sehr genau überlegen.

Ein wichtiges Kapitel kann die Erotik alter Menschen sein. Viele, aber längst nicht alle, wünschen sich Sexualität. Vor allem die Frauen sind in diesem Punkt sehr scheu: Zwar (Sydow) wünschen sie fast ebenso oft wie Männer Sexualität, aber sie verbieten sich diesen Wunsch, haben wenig Gelegenheit und schämen sich auch ihrer verminderten Jugendschönheit. Sehr viele alte Menschen können zwar auf Sexualität verzichten, aber Körperkontakt ist ihnen durchaus wichtig. Auch hier sind sie oft scheu und gehemmt und man könnte sich viel mehr vorstellen an Erotik, als gerade auch alte Paare realisieren. Hier haben Sexualtherapeuten noch ein weites und wenig erforschtes Feld vor sich. Auch Sexualtherapeuten orientieren sich oft am

Gesetz des „voll entwickelten Sexualverhaltens" und verstehen nur wenig davon, in welchen veränderten Formen sich Erotik und Sexualität bei älteren Menschen ausdrücken kann – und befriedigend sein kann.

Vieles von dem, was alte Menschen falsch gemacht haben, lässt sich nicht mehr ändern, nicht wieder gutmachen. Selbstanklagen helfen nicht – auch den eigenen Fehlern gegenüber ist Distanz wichtig. Leitfragen für Bilanzen könnten sein: Was habe ich – vielleicht trotz widriger Umstände – gut gemacht? Wo nützt das Klagen nichts? Wo gibt es Nischen, in denen ich frühere Fehler gutmachen kann? Überlegungen bezüglich des Beziehungsverhaltens, bezüglich falscher Vorstellungen von noch möglichen Entwicklungen – all diese müßigen Klagen sollte man nicht ausufern lassen, sondern lieber konkrete Vorschläge für Verbesserungen auch im Alter erarbeiten. Dies betrifft natürlich ganz besonders die Beziehungen. Das Überlegen konkreter und aktueller sozialer Situationen muss nicht aufhören. Das Trauern um Vergangenes kann man nicht verleugnen und verdrängen. In dieser Balance zwischen Trauer und neugierigem Mut muss man im Alter leben können. Dann wird es nicht nur mühsam, sondern auch interessant sein.

Der Körper und die Gelassenheit

Nicht alle Menschen sind körperfixiert. Wenn eine Frau oder ein Mann das ganze Leben hindurch körperliche Schönheit oder körperliche Kraft nicht als ein wichtiges Merkmal der eigenen Person angesehen hat, dann ist die Chance ganz gut, dass dieses Altersproblem ihr (ihm) nicht allzu große Sorgen bereiten wird.

Trotzdem: Auch bei noch so guter Pflege, bei guter Gesundheit und einem vernünftigen Lebensstil ist zumindest ab siebzig (oft früher) nicht mehr zu abzuleugnen, dass der Körper Sorgen macht.

Das betrifft die Attraktivität, die Gesundheit und die Kraft.

Frauen beziehen natürlich nach wie vor Selbstwert aus ihrer äußeren Schönheit – da mag man sich emanzipiert geben oder auch nicht. Die Frage „Wie sehe ich aus?" ist bei Frauen wichtiger als bei Männern. Dies mag man bedauern, auch bekämpfen – aber man kann es offensichtlich nicht grundsätzlich verändern. Allerdings gibt es nur mehr wenige Frauen, die nicht eine ganze Menge dazu tun können, wenn die Natur sie nicht in allen Belangen großzügig bedacht hat. Aber auch dies hilft selbstverständlich nur bis zu einem gewissen Grad. Wir sehen uns im Spiegel und merken: viel zu viel Bauch! Keine Taille mehr! Hängebacken! Verquollene Augen! Herabgezogene Mundwinkel … und so geht es weiter. Wir sehen uns am Morgen an und müssen konstatieren: Ein runzliges Gesicht mit Schatten unter den Augen – sieht etwas miesepetrig aus, auch wenn wir ganz gut gelaunt sind. Männer bemerken anderes: Auch die paar Strähnen, quer über den Kopf gelegt, verhüllen die Kopfhaut nicht mehr; der Bauch mit den dünnen Beinen drunter etc.

Für Frauen gibt es noch einige Möglichkeiten, sich vom Schock des Morgens zu erholen: getöntes Make-up, Lidstriche, Lippenstift und natürlich schlank machende Kleidung (oder was wir dafür halten). Irgendwann im Laufe des Tages werfen wir zufällig wieder einen Blick in den Spiegel und erschrecken: So wenig hat das ganze Drum und Dran geholfen? Wozu das alles! Es guckt mich ja doch keiner mehr wirklich an – vor allem kein Mann!

Gibt es irgendeinen Trost für die verloren gegangene jugendliche Attraktivität? Man kann sich einreden, dass auch alte Gesichter schön sind. Manchmal stimmt es – aber die meisten von uns können mit der Veränderung ihres Aussehens nicht so positiv umgehen. Wir hängen jugendlichen Schönheitsidealen an wie alle Welt und es ist schwer, sich von ästhetischen Vorstellungen zu trennen. Allenfalls finden wir graue oder weiße Haare schön – aber das ist dann auch schon alles.

Nein, diese Verleugnungen helfen den meisten nicht – weder den Männern noch den Frauen.

Die Frage, warum vielen Menschen, vor allem Frauen, die äußere Attraktivität ziemlich wichtig ist, scheint so leicht zu beantworten, dass man sie gar nicht stellen mag. Aber ganz so einfach ist es dann doch nicht! Ist doch klar, so sagt man: Schöne Menschen werden eher gemocht, es gibt gewisse gesellschaftliche Standards, die man erfüllen muss, um anerkannt zu werden und damit hängt es auch zusammen, dass man sich schlecht fühlt, wenn man das Gefühl hat, hässlich zu sein.

Dass der Zusammenhang von Attraktivität und Selbstwertgefühl nicht ganz einfach zu erklären ist, beweisen uns aber die Kinder. In kleinen Experimenten hat man Kindern Fotos von sich selbst vorgelegt. Bis zu zwölf Jahren fanden die meisten Kinder, dass sie „schön" seien, dass die Fotos genauso schön seien wie sie selbst. Sie fanden sich gut getroffen. Fast schlagartig wurde dies zwischen zwölf und dreizehn Jahren anders:

Die meisten fanden sich auf dem Foto schlecht getroffen, ganz hässlich, hätten nicht gewusst, dass sie so aussähen etc.

Allerdings gab es eine kleine Anzahl auch von Kindern zwischen vier und zwölf, die sich nicht „schön" fanden. Mit diesen beschäftigten sich die Psychologen in besonderer Weise. Es handelte sich um Kinder, die von ihren Eltern als „schwierig", als „verhaltensgestört", als „irgendwie anders" gekennzeichnet wurden. Objektiv betrachtet sahen diese Kinder allerdings aus wie alle anderen.

Das heißt also, dass von diesen Kindern die Gefühle vom Inneren auf das Äußere projiziert wurden. Sie empfanden sich „innerlich" hässlich, aber sie konnten das nur so äußern, als seien sie dies auch äußerlich.

Pubertierende Jugendlich haben ein ähnliches Problem. Sie fühlen sich innerlich zerrissen und unzureichend, daher finden sie sich auch äußerlich hässlich. Dazu kommt in der Pubertät auch noch der nun einsetzende Vergleich mit anderen, mit gesellschaftlich definierten Schönheitsidealen; dies zusammen mit dem Gefühl der allgemeinen Minderwertigkeit ergibt nun eine enge Verzahnung vom Selbstwertgefühl mit der Angst, nicht schön genug zu sein. Dies erklärt natürlich auch, warum manche eindeutig als überdurchschnittlich attraktiv zu bezeichnenden Frauen stur darauf beharren, dass sie hässlich seien. Kein Kompliment, kein Vergleich mit anderen kann sie davon überzeugen, dass sie schön sind. Sie empfinden sich – wie verhaltensgestörte Kinder – als hässlich, weil sie sich innerlich nicht leiden mögen.

Im „Normalfall" kommt ein Mensch im Laufe des Erwachsenwerdens dazu, innen und außen zu trennen. Dies gelingt nie ganz und gar: Jeder hat wohl schon erlebt, dass er in schlechter Stimmung sich auch unattraktiv fand oder dass er bei äußerlicher Verminderung der Attraktivität (durch entstellende Pusteln oder Gewichtszunahme) auch schlecht gelaunt wurde.

Es bleibt trotzdem – sozusagen als Entwicklungsaufgabe – die Forderung bestehen, dass man Innen und Außen trennen muss.

Das kleine Stück Kindlichkeit in uns aber erlaubt dies, wie gesagt, nicht ganz. Und so fühlen wir uns eben auch ganz und gar nicht wohl, wenn wir feststellen, dass wir nicht mehr auf der „Höhe" unserer jugendlichen Schönheit sind.

In Kulturen, in denen das Alter geehrt wird und als wertvolle Quelle der Erfahrung oder der Spiritualität erscheint, werden die typischen Alterszeichen übrigens auch nicht als „schön" angesehen. Offenbar haben wir da ein Stück Natur mit den Säugetieren zu teilen, die alte Geschlechtsgenossen nicht als sexuell begehrenswert ansehen. Dort aber wird die Altersveränderung mit einem ganz anderen „Innen" zusammen gedacht: nämlich eben mit dem Schatz an Erfahrungen und einem neuen Zugang zur Transzendenz. Dies geschieht aber nur in nicht-säkularen Kulturen vormodernen Zuschnitts. In diesen Kulturen sind die alterstypischen Veränderungen eingebaut in einen natürlichen Ablauf des Lebens, der eben nicht ein „Abwärts" bedeutet, sondern ein „Anders". Für uns Moderne aber ist alterstypisches Aussehen immer ein „Weniger" des Guten: weniger gute Figur, weniger dichte Wimpern, weniger glatte Haut …

Es hilft übrigens nichts, sich dies zu sagen und auf andere Kulturen zu verweisen und mit aller Macht darauf zu bestehen, dass auch das Alter „seine Schönheit" habe. In unserer Kultur ist dies nicht so – da kann man als älterer Mensch noch so viel klagen und anklagen. Der Verweis darauf bringt ungefähr dasselbe wie bei schlecht essenden Kindern, denen man vorhält, wie glücklich hungernde Kinder in der Dritten Welt wären, wenn sie diesen feinen Spinat bekämen.

Unsere je spezifische Gelassenheit muss sich innerhalb unserer modernen Welt mit ihren Jugendidealen ansiedeln. Jeder muss dies ganz individuell und für sich leisten: sich in Distanz begeben zu sich selbst und zu seinem Äußeren, das Innere davon trennen und sich vergewissern, dass man noch immer „der- oder dieselbe" geblieben ist, trotz hängender Lider und Haarausfall und fehlender Taille. Dass eine solche Haltung auch ausstrahlt auf andere Menschen, wird niemanden verwundern.

Das Zurücktreten gelingt leichter, wenn man sehr genau ansieht, wovon man eigentlich Abschied nehmen muss. Der Spiegel sollte daher nicht gemieden werden. Nein, sehr genau sollte man konstatieren, wovon man sich verabschieden muss, wo ein „Loslassen" wirklich nötig ist und wo man noch ein wenig korrigieren könnte. Denn Akzeptieren muss man nur das Nötige.

Und wie steht es mit den recht invasiven Korrekturen – Lifting, Lidkorrektur, Botox?

Ich denke, das muss jeder alternde Mensch gemäß seinen Bedürfnissen und nach medizinischer Risikoabschätzung entscheiden (natürlich auch nach seinem Geldbeutel!). Medienfrauen und -männer werden dabei andere Kriterien haben als pensionierte Lehrer oder Manager. Die Gefahr, dass dabei wiederum der nötige Abstand verloren geht und das Problem sich nur verschiebt, ist natürlich groß.

Anneliese: Schönheit macht frei?

Anneliese ist jetzt dreiundsiebzig Jahre alt. Sie galt immer als eine sehr schöne Frau, Typ „Schwedenmädel". Dies war auch beruflich von Vorteil: Sie ist Hotelfachfrau und war sehr häufig auch an der Rezeption großer und angesehener Hotels tätig gewesen. Man hatte sie bewundert, sie hatte dauernd Anfragen allein reisender Herren bekommen, ob man heute Abend „noch ein Glas Wein" (Champagner, Sekt – je nachdem …) trinken könne. Anneliese war in dieser Beziehung abgebrüht und die plumpen Annäherungen dieser Klientel wies sie souverän ab. Zwei Mal war es anders gewesen. Einer davon war ihr erster Ehemann geworden und einer blieb nach ihrer Scheidung für einige Jahre lang eine „große Liebe", leider ein verheirateter Mann mit kleinen Kindern. Nun lebt Anneliese schon lange alleine, arbeitet ab und zu noch im kleinen Hotel einer Freundin mit und hat alles in allem gesehen ein behagliches Leben mit guten Freunden, vielen Reisen, kulturellen Aktivitäten. Außerdem hat sie ihr Jugendhobby, das Malen, wieder aufgenommen und nimmt dieses sehr ernst. Sie beherrscht die eher seltene Kunst des Porträtierens und wird im Freundeskreis immer wieder angefragt. Dies gibt zur Rente ein recht hübsches Zusatzeinkommen.

Anneliese hat sich lange, wie man das meist so ausdrückt „gut gehalten", außerdem war sie gewohnt, sich sehr sorgfältig herzurichten. Mit der Figur hat sie nie Probleme gehabt: Sie ist rank und schlank geblieben. Jeder hat ihr dies bestätigt. Beim sechzigsten Geburtstag war noch alles irgendwie in Ordnung. Anneliese sah sich in den Augen der Komplimentemacher. War das allerdings wohl schon ein erstes Zeichen von Unsicherheit? Anneliese glaubte vielleicht allzu unbesehen, dass sie „wie eine Vierzigjährige", ja „wie deine eigene Tochter" aussähe.

Bei ihr gab es einige Zeit danach einen kleinen Schock, als sie im Neonlicht eines engen Lifts zwanzig Stockwerke lang mit ihrem eigenen Spiegelbild konfrontiert war. Was sie da sah, gehörte nicht mehr zum Bild einer Vierzigjährigen. Falten neben den Augen, Falten um den Mund herum und die Gesichtsform stimmte auch nicht mehr ganz. Und was war eigentlich mit ihren vollen blonden Haaren (die sie schon seit langem blondieren ließ) passiert? Die Haare wirkten irgendwie struppig – aber das musste dann doch am Friseur liegen … Nur die Figur: Im hübschen Hosenanzug war nichts zu entdecken, was auf ihr Alter hingewiesen hätte.

Von diesem Tag an fühlte Anneliese sich nicht mehr wohl in ihrer Haut. Als sie sich – vorsichtig, damit nicht noch einmal ein Schock sie überfalle – nackt im Spiegel betrachtete, war dies natürlich auch nicht mehr der Körper einer jungen Frau. Schlank war sie zwar geblieben – aber natürlich war dies nicht die glatte Haut einer Zwanzigjährigen und die Form von Busen und Hüften stimmte ebenfalls nicht mehr genau überein mit Idealmaßen.

Natürlich sagte sich Anneliese, dass das Neonlicht besonders gnadenlos gewesen sei – aber sie wurde dieses Bild einer abgehärmten, etwas trist wirkenden älteren Frau nicht los. Sie hatte schlimme Träume: dass ihre Haare ausgefallen waren, dass sie eine Zahnprothese nicht finden könne (Anneliese hatte ihre eigenen Zähne!), noch schlimmer: dass sie von einem räudigen Hund angefallen wurde; dass eine Stimme ihr zurief: „Es gibt keinen Champagner mehr für eine Schlampe." In einem ganz besonders grässlichen Alptraum erlebte sie ihren Körper ganz leer, als wäre er ohne Innereien. Wie eine Art hohles Gebilde, das sich immer mehr ausweitete und zu platzen drohte – Anneliese erwachte schweißgebadet.

Anneliese hatte sich damals zurückgezogen, verbrachte Wochenenden ganz alleine und beschloss, nie mehr mit einem Mann ins Bett zu gehen.

Wie hat Anneliese aber ihre jetzige meist fröhliche Unbeschwertheit zurückgewonnen?

„Ganz genau kann ich das gar nicht sagen", meint sie auf Befragen. „Aber ich kann sagen, dass es mir sehr schwer gefallen ist, mich nochmals zu akzeptieren. Ich erinnerte mich übrigens an meine Pubertät: Damals war ich zu lang und zu dünn und hatte lange Zeit kaum Busen. Ich fand mich schrecklich und wollte weder tanzen gehen noch weiterhin Sport treiben. Aber dann geschah ja das Wunder, dass ich plötzlich ganz ansehnlich wurde und viele Menschen, vor allem Jungs, mich bewunderten. Da habe ich alle meine Komplexe vergessen und wurde ein recht eitler Fratz. Aber damals, mit Anfang sechzig?

Ich wusste ja, dass nun das Wunder der überstandenen Pubertät sich nicht wiederholen könne. Und dass auch alte Menschen ‚schön‘ sind, das leuchtet mir auch nicht ein. Ich finde das nicht – meine Jugendfreundinnen sind für meine Begriffe auch recht abgelebt und ein wenig schäbig … Tut mir Leid, dass ich das so schonungslos sage, aber ich empfinde es so.

Nein, es war etwas anderes, das mir geholfen hat, mich wieder zu akzeptieren. Es hängt damit zusammen, dass ich aufgehört habe, mich zu vergleichen. Und außerdem habe ich irgendwann – ich glaube, es war kurz nach dem Traum vom hohlen Körper – sehr scharf nachgedacht. Bin ich wirklich so hohl, dass man mich nur von außen betrachten kann, um etwas an mir zu finden? Gibt es nicht vieles, was sehr viel mehr zu mir gehört als diese Hülle des Körpers? Das klingt jetzt so religiös und vielleicht ein wenig überdreht, aber ich meine es sehr konkret. Ich habe meinen Körper innerlich zurückgenommen, ich stehe jetzt als eine ganz andere da, das bewirkt, dass ich über meine sich vermehrenden Alterserscheinungen auch lachen kann. Manchmal sitze ich mit meiner ältesten Schulfreundin zusammen und wir machen uns über unsere Falten und Hängelider lustig. Das befreit mich von der Vorstellung, ich müsste ganz, ganz vorsichtig mit meinem Körper umgehen, damit nicht noch mehr kaputtgeht.

Vielleicht kann ich es noch besser ausdrücken, wenn ich sage: Mein Körper ist mir ein liebes Instrument geworden, das mir – hoffentlich – hilft, mich gesund zu fühlen, mich zu bewegen (langsamer natürlich!) und mich in der Welt zu orientieren. Dafür bin ich ihm dankbar. Ein Mittel, meinen Selbstwert zu definieren, ist er nicht. Wie es wird, wenn ich ernsthaft krank würde? Das weiß ich nicht.“

Frieder: Kraft = Stolz = Mann

Frieder ist ein sportlicher Typ, der seine Körperbeherrschung durch viel Training bis weit in seine Fünfzigerjahre hinein beibehalten konnte. Darauf war er auch immer stolz gewesen. Anfang sechzig aber, als er unbedingt noch Snowboardfahren lernen wollte, da passierte es: Er stürzte so unglücklich, dass der Arzt ihm sehr viele Sportarten künftig verbieten musste. Keine tollen Skiabfahrten mehr, keine großen Bergwanderungen, kein Tennis – höchstens noch das für ihn eher langweilige Schwimmen und Radfahren waren erlaubt, ansonst würde der Arzt für nichts garantieren können. Frieder war kreuzunglücklich. Seine Frau, ebenfalls eine begeisterte Sportlerin, fühlte sich mit betroffen und ließ ihn das auch fühlen. Warum er auch immer noch so ehrgeizig hätte sein müssen, das wäre doch wirklich nicht nötig gewesen, auch noch Snowboard …, „weil du eben nicht alt werden kannst" und so weiter und so fort und immer wieder. Die eheliche Harmonie war ernstlich gefährdet. Seine Frau war fast zehn Jahre jünger und er fürchtete, dass bei ihren nunmehr einsamen Skiferien die Einsamkeit nicht lange währen würde. Er wurde wütend, wenn die Zeit der Winterferien kam, und er beharrte trotzig auf Sommerferien am Meer, weil das Bergsteigen jetzt ja auch verboten war. Seine Frau fand, er könne, wenn sie selbst mit Freunden Bergwanderungen mache, doch spazieren gehen. Nun ja …

Es gab Streit, es gab gegenseitige Vorwürfe. Frieder dachte, dass nun, mit solch eingeschränkten körperlichen Funktionen (und die Knöchel taten wirklich oft weh, infolge des komplizierten Bruches hatte sich eine Arthrose dazu gesellt) das Leben sowieso nichts Rechtes mehr zu bieten hätte. Er war nun alt, zum alten Eisen geworfen, zu nichts nütze. Und das, obwohl Frieder sich ansonsten gesund fühlte, in seiner alten Firma trotz Pensionierung noch immer einige Aufgaben erfüllte und eigentlich mit seinen nunmehr neunundsechzig Jahren hätte zufrieden sein können.

Er haderte mit sich und der Umwelt. Seine Frau half ihm wenig in seinem Unglück; sie betrieb weiterhin alle möglichen Sportarten und schien sich auch ohne ihn zu amüsieren.

Frieder fühlte sich auch in seinem Körper ganz und gar nicht mehr wohl. Er empfand sich als zu dick, unbeweglich und plump – nichts mehr war da vom Glück einer raschen geglückten Bewegung, eines eleganten Sprungs oder der stolzen ausladenden Geste, mit der man sich am Bahnsteig bemerkbar macht, wenn der Angekommene einen nicht sieht.

Schönheit, Stolz, Kraft und Männlichkeit: Das waren für Frieder Geschwister. Dagegen boten die von seiner Firma extra bezahlten Dienste bei Computerreparaturen keinen Ersatz. „Computer", sagte er oft geringschätzig, „das kann doch heute jeder gewiefte Gymnasiast."

Frieder hat herausgefunden aus seinem Dilemma. Er hat dazu aber Hilfe gebraucht – seine Ehe schien ihm so flach geworden, sein Mut so tief gesunken, dass man schon von einer Depression sprechen konnte. Dabei war das Frustessen natürlich auch nicht geeignet, seinen Lebensmut zu heben und sein Selbstwertgefühl zu steigern. Denn der zuvor drahtig schlanke Frieder hatte wirklich ein paar Kilogramm zugelegt und merkte auch ohne Spiegel (den er nun mied), dass sein Bauch sich wölbte und bestimmte Hosen nicht mehr passten. Er suchte also Hilfe bei einer Eheberatung. Seine Frau ging zögernd mit – eigentlich fand sie, dass sie selbst dies nicht nötig habe. Aber diese Einstellung gab sie erfreulicherweise bald auf.

Wenn Frieder über seine damaligen Erkenntnisse und Haltungsänderungen spricht, ist er voll Dankbarkeit. Das Therapeutenpaar habe ihnen zu sehr viel mehr Ruhe und Geduld verholfen, vor allem aber sei ihm selbst klar geworden, wie sehr sein Leben sich um den Körper und damit um den Sport gedreht habe. „Einmal hat der Therapeut gesagt, der Sport sei offensichtlich mein einziger Gott. Das hat gesessen; ja, ich habe mich und meinen Sport als Religionsersatz angesehen – und dabei vergessen, dass es nun doch wirklich im Leben noch ganz andere Dinge gibt. Wenn man das einmal begriffen hat, dann wird mein ganzes so genanntes ‚Unglück‘ relativiert. Ich konnte mich plötzlich auch an anderen Dingen freuen, zum Beispiel an einer Renovierung unserer Wohnung, wo wir dann auch ein paar sehr schöne neue Möbelstücke kauften. Am wichtigsten war dann aber, dass wir entdeckt haben, welch nette Freunde wir eigentlich haben. Früher gab es immer nur den gemeinsamen Sport, jetzt haben wir uns auch im häuslichen Kreis ganz gemütlich zusammengesetzt und zu unserem Erstaunen war das Gespräch, gerade weil Sport nicht das Hauptthema war, viel interessanter und persönlicher. Ich fühle mich jetzt nicht mehr als Krüppel. Ich bin halt ein nicht mehr so junger Mann, der nicht alles mitmachen kann – na und?“

Benno: Man sagt mir oft, dass ich gut aussehe

Nicht nur für Frauen ist das Problem schwindender Schönheit oft wichtig. Es gibt auch Männer, denen dies recht arg zu schaffen macht. Benno gehörte zu denjenigen Männern, die man ihr Leben lang bewundert hatte ob ihres guten Aussehens. Schon seine Mutter hatte den schönen Kleinen verhätschelt und den anderen Kindern vorgezogen. Da er außerdem noch ein kluger Junge war, schien sein Lebensweg gesichert. Benno sah wirklich aus wie ein Filmstar und gar nicht selten hatte man ihn in seiner Studentenzeit gefragt, ob er nicht als „Dressman“ Geld verdienen wolle. Das wollte er nicht; er fürchtete um seine Karriere als Jurist, wo er übrigens auch recht schnell in einem Ministerium den Aufstieg schaffte. Benno war wirklich ein Glücksvogel: schön, charmant, von den Frauen begehrt – ein richtiger Latin Lover. Ohne Mühe eroberte er sich ein Mädchen aus „guter Familie" und der Schwiegervater half auch noch mit beim Aufstieg.

Seine Frau schien übrigens eine der wenigen, die von ihm nicht so sehr begeistert war: Das ewige Gerede darüber, wie gut ihr Mann aussähe, seine eigenen Berichte über Bewunderinnen („Ich sei der schönste Jurist des Landes, sagte gestern eine Frau zu mir!") – das alles ließ sie kalt, ja sie verachtete es auch ein wenig. Dass sie selbst in ihrer Jugendzeit nicht unberührt geblieben war von seiner Mannesschönheit, hatte sie inzwischen wohl vergessen oder wollte auch davon nichts mehr wissen. Benno war in auffallender Weise von Jugend und Schönheit fasziniert. Alte Frauen waren für ihn nicht vorhanden. Seine Frau musste ihn oft drängen, sich doch auch mit den älteren und nicht so attraktiven Frauen der Kollegen abzugeben – das sei er schließlich auch seiner Karriere schuldig. Benno tat dies notgedrungen, um sich später voll Abscheu über diese „alten und hässlichen Weiber" auszulassen.

Das Alter kam und machte natürlich auch vor Benno nicht Halt. Seine schönen dunklen Locken wurden grau. Benno ließ sie färben. Benno legte sich für seinen etwas fülliger werdenden Leib unzählige teure maßgeschneiderte Anzüge zu. Benno – und das war das Verblüffendste – wollte mit alten Menschen nichts zu tun haben, vor allem nicht mit alten Frauen. Die seien so schrecklich hässlich, meinte er in seiner pfauenhaften Art. Seine Frau, natürlich auch nicht mehr jung, wenngleich einige Jahre hinter ihm, fand all dies abstoßend und flüchtete in Ironie. Mit einem Wort: Das Paar hatte im Alter keine gute Zeit, noch weniger als früher.

Benno sah natürlich sehr wohl, dass sein Spiegelbild nicht mehr die fantastische Ausstrahlung hatte wie früher. Und nun war nach der Pensionierung auch der Glanz der hohen Position im Ministerium weg – was blieb also? Benno ging einen ungewöhnlichen Weg: nämlich zum Schönheitschirurgen. Der sollte zumindest die Augensäcke wegmachen, ein Lifting fürchtete er dann doch zu sehr. Wenn andere dies erkennen würden? Und wie sicher war die Methode? Nun, die Sache mit den Lidfalten ließ sich wirklich recht gut verbessern; seine Frau fand dies alles zwar affig, aber Benno war am Zusammenleben mit ihr sowieso schon seit langem nicht mehr so viel gelegen.

Benno sah noch immer gut aus und außerdem konnte er noch immer ein wenig von seinem früheren Ruhm zehren – das aber hieß: Es gab auch noch genügend hübsche und jugendliche Frauen, die ihn bewunderten.

Bennos Freundin war im Alter seiner Tochter, und das war, wie er fand, bei seinem Aussehen genau das Richtige. Nun, achtundsechzigjährig, ging er mit seiner sechsunddreißigjährigen hübschen, blonden und eleganten Freundin zu allen Festessen, Theaterpremieren und Festivals, zu denen er noch eingeladen war. Seine Frau trennte sich von ihm ohne großes Getue. Sie hatte eigenes Vermögen, zog in eine hübsche kleine Gartenwohnung und machte sich etwas bitter über ihn lustig.

Und wiederum holte Benno das Alter ein: Einundsiebzigjährig fühlte er sich nicht mehr sehr wohl. Einmal rief er sogar seine Frau an: Ob sie nicht eigentlich „genug" von all dem habe? Man hätte doch nun lange genug gelebt. Seine Frau fand dies alles gar nicht, sie lebte nach vollkommen anderen Gesetzen und bemitleidete ihn.

Als er mit der Diagnose „Darmkrebs im fortgeschrittenen Stadium" im Krankenhaus lag, besuchte sie ihn allerdings getreulich und war bereit, ihm auch die letzten Tage zur Seite zu stehen. Die schwarzen Locken waren nun so schnell grau geworden, dass für alle klar war, was das Geheimnis dieser ewigen Jugendlichkeit gewesen war. Benno verfiel sehr rasch, er wurde innerhalb von Wochen zum Greis. Seine Frau berichtete später ein erschütterndes Erlebnis, das seine noch immer fortdauernde Fixiertheit auf das Äußere anzeigte. Eine ältere Frau hatte sich offensichtlich im Raum geirrt und trat in sein Zimmer ein. Sie war grauhaarig, faltig und sehr dünn, wohl ebenfalls schwer krank. Benno, halb benommen vom Morphium, begann bei ihrem Anblick zu schreien: „Raus, raus mit dieser Vogelscheuche …", und brach in eine Art wildes Schluchzen aus. Seine Frau sagte später, wenn sie die Geschichte erzählte: „Und dabei hätte er sich nur selbst ansehen müssen – diese Frau war sein weibliches Ebenbild; aber gerade deshalb war es wohl so schrecklich für ihn!" Benno starb so, wie er gelebt hatte. Einen Trost gab es für ihn wohl nicht.

Die Unfähigkeit, sich von seinem eigenen Jugendbild zu lösen, ist für viele Menschen ein arges Kreuz und Quelle vielen Unglücks. Bennos Schicksal, so sehr man ihn natürlich auch verabscheut, ist ein tragisches. Vermutlich hat er zwar vieles im Leben genossen, aber man zweifelt trotzdem, ob nicht das Verhaftetsein an das Äußere doch auch in jüngeren Jahren zu dauernder Sorge verleitet. Altersspuren kann man wohl schon in jungen Jahren ausmachen, wenn man genau hinsieht. Ist da nicht die Sorge um die Vergänglichkeit in besonderem Maße präsent, eine Sorge, die nicht relativiert werden kann durch Distanz?

Präzises Denken und die Klugheit

Dass das Alter vielleicht klüger, aber sicher nicht gescheiter macht, ist ziemlich bekannt. Allerdings werden diese beiden Dimensionen oft vermischt, so dass man sich als alter Mensch damit trösten kann, dass man nun eben „weiser" geworden ist, mehr Erfahrung hat und sich ja vielleicht auch durch Bildung auszeichnen kann – zumindest gegenüber den Enkelkindern. Die Unterscheidung, die die Wissenschaft trifft, heißt: fluide versus kristalline Intelligenz. Es ist – leider – die fluide Intelligenz, die im Alter drastisch nachlässt, also die Schnelligkeit des Kombinierens, die rasche Auffassungsgabe, die Verbindung von Gelerntem mit Neuem und überhaupt die Einstellung gegenüber neuartigen Anforderungen. Kristalline Intelligenz hingegen hat zu tun mit einem größeren Weitblick, mit Verbindungen zu alten Wissensbeständen und deren Verflechtung mit Neuem. Dies gereicht sicher manchem alten Menschen zum Trost. Aber es ist halt leider die fluide Intelligenz, die man im Alltag sehr viel mehr braucht als die kristalline.

Es stimmt: Was man einmal gelernt hat, geht nicht so leicht verloren, wenn es wirklich ein fester und tiefer Besitz war. Oberflächliches Wissen, das man sich irgendwann nur nebenbei eingeprägt hat, ist allerdings oft nicht so schnell verfügbar. Man hat höchstens eine vage Ahnung, dass man dies oder jenes einmal gewusst hat. Man kann damit auch in peinliche Situationen kommen.

Das Gedächtnis verweigert sehr vieles. Man hat doch unlängst einen Film gesehen, der eine solch eindrucksvolle Szene zwischen Mutter und Tochter gezeigt hat; aber welcher Film war das? Und: Wie war die ganze Handlung? Oder: Man weiß, dass man den Film XY voriges Jahr gesehen hat; wüsste man nur, welche Handlung er hat – dann könnte man jetzt mitreden. Die jungen Menschen fragen? Peinlich. Wo man doch gerade behauptet hat, dass man den Film großartig gefunden hat. Man weiß übrigens ziemlich genau, dass man ihn gut fand, es hat sich so eine Art Aura um den Titel gelegt – aber ohne Inhaltsangabe kann man damit wenig anfangen. Dasselbe mit Büchern, mit Theaterstücken, mit technischen Details, mit Bildern im Museum.

Den alten Alzheimer-Witz, „Ich lerne jeden Tag eine Menge neuer Menschen kennen", kann man vor diesem Hintergrund plötzlich nicht mehr so lustig finden.

Mehr noch als die körperliche Schönheit oder Kraft ist die intellektuelle Kapazität für fast jeden Menschen ein ganz wichtiges Merkmal seiner Persönlichkeit. Nicht jeder fantasiert sich als Einstein oder Habermas, aber auf dem je eigenen Niveau von Bildung und Denkvermögen siedeln wir unser Gefühl für uns selbst allemal zu einem sehr bedeutenden Teil an. „Ich denke, also bin ich" – auch ohne dass man philosophisch gebildet ist, kann man mit diesem Satz etwas verbinden.

Und nun, etwa im Laufe der Jahre nach Sechzig (bei sehr aufmerksamen Menschen beginnt diese Erkenntnis schon einiges früher) muss man feststellen, dass es fragwürdig ist, ob dieses „Ich" denn noch wirklich das alte ist; ob es noch immer diese scharfsinnige oder diese tief denkende oder einfach dieses schlaue Wesen ist, das da „Ich" sagt. Wir erinnern uns mit Schaudern an dumme und komische Altersaussprüche unserer Eltern oder Großeltern, zum Beispiel wie der alte Großvater die eigene Enkelin mit Begeisterung begrüßt hat: Wie schön, dass man ihm eine solch hübsche junge Frau geschickt habe …, oder die Großmutter, die am Geburtstag den eigenen Sohn vorwurfsvoll fragt, warum er ihr denn nie gesagt habe, dass er eine Tochter habe? (Diese saß wie jedes Jahr mit am Tisch.) Man lacht über dergleichen mit schalem Gefühl, wenn man sich im selben Augenblick absolut nicht mehr daran erinnert, mit wem man letztes Jahr Sylvester gefeiert hat.

Wer bin ich denn noch ohne mein Denkvermögen und mein Gedächtnis?

Gedenksprüche und Artikel über hochbetagte berühmte Persönlichkeiten betonen regelmäßig, dass die Person „voll da" sei, nach wie vor von scharfsinnigem Verstand und Ähnliches. Hat man zufällig Kontakt zu Familienangehörigen, dann bietet sich oft ein ganz anderes Bild. Natürlich: Diese Personen, sofern sie nicht dement sind, wissen noch sehr viel über ihre je eigenen Gebiete zu sagen; das wirkt allemal, als wenn sie auch mit hundert noch topfit seien. Aber wer hat einen solch quicklebendigen Hundertjährigen erlebt, wenn ihm Enkel und Urenkel das Einscannen von Fotos erklären oder das Ausdrucken der Bilder aus der Digitalkamera?

Als junge Psychologiestudentin hörte ich auch Vorlesungen in Psychiatrie. Ich erinnere mich noch sehr gut an eine alzheimerkranke alte Frau, die uns vorgeführt wurde. (Das tat man damals noch, es war vor der Zeit der Videoaufnahmen.) Sie hatte nur mehr einen sehr dürftigen Wortschatz, etwa „Guten Tag" und „Wie geht es?". Sie sah schön und gepflegt aus und als der Professor sie mit höflichem Dank verabschiedete, neigte sie lächelnd den Kopf und sagte: „Herzlichen Dank und auf Wiedersehen". Ich weiß noch, dass unser Lehrer darauf hinwies, dass bestimmte tief eingeschliffene Manieren, die diese Frau ihr Leben lang beachtet hatte, bis zuletzt halten können – durch die schreckliche Krankheit hindurch. Das hat mich sehr beeindruckt: Ich hatte das Gefühl, diese alte Dame nicht nur als Prototyp einer furchtbaren Krankheit zu sehen, sondern als eine ganz bestimmte Person zu erahnen. Es gibt also, so fühlte ich schon damals, noch mehr als das Denkvermögen, das die Individualität bestimmt.

Natürlich weiß man das: Gefühl, Herzenswärme, Humor – alle diese Qualitäten gehören ganz innig zur Person, und trotzdem: Wenn einer sich nicht mehr an seinen Geburtstag erinnern kann, dann nehmen wir ihn nicht mehr ernst.

Kein Wunder, dass die Verleugnungen gerade dieses Mankos besonders heftig sind. Es nagt allerdings der Zweifel an allen Trostsprüchen, die besagen, dass man nun eben ein wenig „weiser" geworden sei. Man liegt damit allzu nahe an einer etwas lächerlichen Figur, die vor lauter Nichtwissen einfach allem dumm-freundlich zustimmt.

Vielleicht aber gibt es das denn doch: dass man ein wenig hinter sich zurücktritt und die Scham vergisst, mit der man selbst solch peinliche Schnitzer bedenkt. Dann könnte es sein, dass man mit Humor reagiert, wenn man sich nicht mehr an den Filmtitel und an seine Hauptpersonen erinnert, obwohl man gerade erklärt hat, wie gut man eben diesen Film gefunden habe. Man könnte dies den jüngeren Menschen sogar erklären: dass man seit einiger Zeit solche Ausfälle habe, dass man aber trotzdem noch mitreden will, weil man durchaus einige eher gefühlsmäßige Wertungen im Sinn hat. Vielleicht sind sie so freundlich, uns trotzdem noch zu akzeptieren und ernst zu nehmen?

Gedächtnisforscher betonen, dass Details oft nicht sehr genau erinnert werden, während die gefühlsmäßige Begleitung sehr genau und übrigens auch konstant erinnerbar ist.

Dass man immer wieder dieselben Geschichten erzählt – in der Meinung, man habe sie gerade jener Person noch nicht erzählt –, ist bekannt. Natürlich kann man sich zügeln, wenn man das weiß. Ich kenne viele alte Menschen, die zuerst vorsichtig fragen, ob sie denn diese Geschichte schon erzählt hätten? (Wenn es eine ist, die man schon länger mit sich herumträgt, kann man davon ausgehen, dass dies ziemlich sicher der Fall ist!)

Auch hier gilt: Hinter sich zurücktreten und sich selbst mit Humor betrachten. Das ist ja überhaupt eine wichtige Voraussetzung der Gelassenheit: Humor, Selbstdistanz, über die eigenen Defizite lachen können und sich nicht das Gefühl erlauben, nun sei man nichts mehr wert – weder für sich selbst noch für die anderen. Über sich selbst lachen können: Das ist für unsere Mitwelt eines der köstlichsten Geschenke, das wir ihr machen können. Es entlastet auch die Menschen unserer Umgebung von der Anstrengung des Prestigegehabes, der dauernden Überprüfung des eigenen Tuns. Die heimliche Stärke, die mit dem Aufzeigen der eigenen Schwäche verbunden ist: Die berührt eigentlich alle Menschen sehr sympathisch.

Das betrifft auch diejenigen Funktionen, für deren Ausfall man sich oft schämt und den viele alte Menschen verbergen wollen: das Schwächerwerden des Gehörs. Ob und wann man ein Hörgerät tragen sollte, muss der Arzt entscheiden. Dass man im Alter fast durchwegs bestimmte Hörausfälle hat, ist zwar bekannt, aber die meisten Menschen meinen, ihnen bliebe das erspart. Sie verleugnen daher immer wieder, dass sie in Gesellschaft schlecht hören, dass sie Fremdsprachen schlechter verstehen, dass sie schlecht verstehen, wenn sie nicht die Mundbewegungen sehen und Ähnliches mehr. Auch hier gilt natürlich das offene Aus- und Ansprechen als das beste Mittel, sich nicht aus der Geselligkeit auszuschließen. „Ich bin alt, daher höre ich schlecht"– das ist keine Peinlichkeit, das ist nur lästig. Andere Menschen können und sollen dabei helfen, dieses Manko erträglicher zu machen. Damit sie dies tun können, müssen sie aber Bescheid wissen.

Erika, eine allein lebende neunundsiebzig Jahre alte Frau, war früher Studienrätin gewesen. Ihre Fächer: Mathematik und Physik – also gefürchtete Fächer, in denen man der Lehrerin kein X für ein U vormachen konnte. Dies alles galt umso mehr, als sie in einer reinen Mädchenschule unterrichtete – Mädchen, die damals oft noch furchtsam meinten, dass solche Fächer für das weibliche Geschlecht nicht geschaffen seien.

Erika hielt viel von ihrem Beruf und war davon überzeugt, dass Menschen, die nicht „sauber" – „mathematisch", dachte sie eigentlich – denken können, auch sonst nicht viel taugen. Sie wusste, dass eine Pädagogin nicht in solcher Weise urteilen sollte, aber die heimliche Verachtung, die sie den Mathe-Nieten zukommen ließ, konnte sie oft nur schlecht verbergen. „Dafür sind sie gut in Religion und Gesang", pflegte sie spöttisch zu sagen, wenn die Kollegen, die solche Fächer unterrichteten, nicht anwesend waren. Es sprach sich natürlich trotzdem herum und man kann sich vorstellen, dass Erika auch im Kollegenkreis nicht gerade zu den Beliebtesten gehörte.

Erika war nicht nur sehr scharfsinnig, sie war auch mit einem hervorragenden Gedächtnis gesegnet. Seit ihrer Pensionierung hatte sie alle diese Qualitäten einem Umweltschutz-Projekt zur Verfügung gestellt. Sie war im Vorstand gewesen, hatte Öffentlichkeitsarbeit gemacht, Sponsoren aufgetrieben, war Kassenwartin gewesen und hatte gemacht, was es halt in solch einem Verein alles zu tun gibt. Die Sache war ihr ans Herz gewachsen und sie hatte schon viele Ehren dadurch eingeheimst. Auch ein kleiner Preis von einer staatlichen Stelle war darunter gewesen. Den hatte sie sofort wieder in das Projekt investiert. Ihre Erfolge konnten sich sehen lassen.

Letztes Jahr aber war eine unangenehme Sache passiert. Einer der Sponsoren hatte sich beklagt, dass man ihn bei einer Namensnennung übergangen hatte. Erika hatte den Vorgang in der Hand gehabt, wenn sie sich recht erinnerte, hatte sie auch darauf reagiert, aber eben: Sie erinnerte sich nicht so ganz, ob sie nur hatte reagieren wollen oder ob sie es wirklich getan hatte. Dummerweise hatte sie keinen Computer – als Mathematikerin war das wirklich komisch, aber Erika verabscheute diese Dinger, die sie für unnütze Spielerei hielt –, also ließ sich auch nichts beweisen. Zur Rede gestellt von anderen Vorstandsmitgliedern, hatte sie sich irgendwie verrannt, sie wusste jetzt selbst nicht mehr genau, wie das alles vor sich gegangen war. Sie war ärgerlich geworden, hatte alles hingeschmissen und war aus dem Projekt ausgetreten. Etwas später hatte man ihr erzählt, dass eben jener Sponsor seine Gelder zurückgezogen hatten und dass man im Projekt der Meinung sei, das hätte sie verschuldet.

Erika ist tief getroffen. Sie fühlt sich ungerecht behandelt, sie sagt sich jeden Tag vor, wie viel sie für das Projekt schon getan hat, sie rechnet genau aus, welche Summen sie dem Projekt schon eingebracht hat und wie sehr ihre Kenntnisse (denn sie war wirklich tief eingestiegen in die Materie) dem Projekt genützt haben.

All das stimmt sicher, aber es ist lange her. Ihre Kenntnisse in Umweltfragen sind nun nicht mehr die neuesten – ein jüngeres Mitglied ist eine bekannte Biologin, die weiß natürlich noch besser Bescheid, und einen Chemiker, der sich mit Luftverschmutzung befasst, haben sie nun auch.

Erika merkt selbst, das sie die Dinge nicht mehr ganz in der Hand hat. Sie hätte früher abtreten sollen – das sagt sie sich mit Groll und Scham. Sie brächte es aber nie über sich, den Kollegen dies alles zu sagen, sich für ihr Versagen vielleicht sogar zu entschuldigen.

Sie war eine sehr gute Lehrerin gewesen, sie hatte gute Arbeit danach geleistet – und nun ertrinkt alles in Bitterkeit und Ärger über die ganze Welt mit ihrer Undankbarkeit.

Erika muss „funktionieren", sonst fühlt sie sich nicht wohl. Sie kann sich ihr Alter mit den üblichen Verlusten nicht verzeihen. Sie hofft darauf, dass nun bald „alles einmal zu Ende" ist.

Gunda: Irgendwann begreift man es ...

Gunda hat ebenfalls erleben müssen, dass im Alter Denken und Gedächtnis anders funktionieren, aber ihr Umgang damit ist ein anderer. Entwicklung ist alles:

Dieser Spruch war immer schon das Lebensmotto von Gunda gewesen, einer jetzt vierundsiebzigjährigen Logopädin, die noch sehr spät ein Studium der Psychologie begonnen hat. Dieses Studium, in das sie mit sechzig Jahren eingestiegen ist, hat ihr große Freude gemacht. Natürlich haben sich viele ihrer Freunde und auch ihre zwei Töchter gefragt, was um Himmels willen sie denn damit wolle? Ihr Mann war zur damaligen Zeit schon sehr alt gewesen, hoch in den Siebzigern, der fand das ganz in Ordnung, weil ihm seine um so viel jüngere Frau noch wie ein junges Mädchen erschien. Er starb mit zweiundachtzig Jahren ganz plötzlich, von Gunda zwar betrauert, aber er hinterließ keine unersetzliche Lücke. Sie studierte weiter. Da Gunda ein charmanter und liebenswürdiger Mensch ist, wurde sie von den Studenten bald sehr freundlich aufgenommen. Sie fühlte sich in einem Arbeitskreis, wo man sich auf das Vordiplom vorbereitete, sehr wohl, hatte auch das Gefühl, dass sie durchaus Nützliches zu sagen hatte. Statistik allerdings fiel ihr schwer. Die Mathe-Kenntnisse aus der Schule, die übrigens nie sehr groß gewesen waren, halfen nicht weiter. Heimlich engagierte sie einen Nachhilfelehrer, aber das sollten ihre jungen Kollegen nicht wissen und sie erfuhren es auch nicht. So bestand sie die Vordiplomsprüfung recht gut und man feierte dies auch in ihrem behaglichen Heim, in das sie alle eingeladen hatte. Dieser Abend ist ihr in besonders netter Erinnerung, weil man sie immer wieder beglückwünschte: Wie toll sie das alles mache, dass sie ein Vorbild sei, man hätte gar keine Angst mehr vor dem Alter bei solch einer Kollegin und so weiter.

Gunda freute sich auf das Hauptstudium und bereitete sich auf ihre Diplomarbeit vor. Sie hatte eine sehr nette ältere Professorin gefunden, mir der sie sich gut verstand. Sie fühlte, dass auch diese einverstanden war mit ihrem Altersstudium, auch wenn nichts dabei „herauskam". Gunda hatte übrigens trotz allem den heimlichen Wunsch, auch noch ein paar Stunden als Therapeutin arbeiten zu können, wenn sie erst den Abschluss in der Tasche hätte.

Sie besuchte eifrig viele Seminare der Professorin, spezialisierte sich auf deren Spezialgebiet und fing voll Selbstvertrauen ihre Arbeit an. Inzwischen hatte sich die nette Arbeitsgruppe aus der Vordiplomszeit zerstreut, man arbeitete jetzt wieder ein wenig einsamer. Gunda fühlte sich an der Universität nicht mehr so wohl wie früher, sie musste auch viel zu Hause sein, weil ihre Tochter ein Baby bekommen hatte und die Großmutter oft als Babysitterin nötig war.

Gunda aber hielt durch, besuchte öfters die Sprechstunde ihrer Professorin, um über ihre Arbeit zu sprechen und Fragen zu stellen. Sie wollte alles besonders gut machen. Die Arbeit – Interviews mit freischaffenden Künstlern – machte ihr Freude. Sie engagierte sich sehr und war glücklich, wenn ihr ein besonders langes und offenes Interview gelang. Die Professorin allerdings dämpfte ihren Eifer, sie solle nicht so viele Interviews machen, das würde allzu aufwändig beim Auswerten. Gunda besuchte Kurse, die sich nur mit der Interviewauswertung befassten: Sie war sich nicht immer sicher, ob ihr die diffizilen Unterschiede wirklich aufgegangen waren, aber eigentlich, wenn man es recht bedachte, war alles doch ganz einfach – so wie eben der Alltagsverstand ihr das eingab.

Genau das aber war es, was schließlich zu Gundas riesigem Kummer dazu führte, dass ihre Arbeit nur mit einer Vier beurteilt wurde. Ihre so verehrte Lehrmeisterin aber sagte etwas, was ihr noch jahrelang ins Herz schnitt: „Sie werten Ihre Interviews so aus, als hätten Sie noch nie etwas von wissenschaftlichen Auswertungsmethoden gehört – einfach wie am Stammtisch."

Sie gab nach langem Zögern ihre Arbeit einer Kommilitonin zu lesen, mit der sie sich immer gut verstanden hatte und die zu den offensichtlich sehr guten Studenten gehörte. Diese sollte ganz objektiv sagen, wie sie die Arbeit fände. „Gunda, sei mir nicht böse", meinte die Kollegin nach ein par Tagen, „aber du wertest gar nicht richtig aus, du erzählst ja nur nach, was im Interview sowieso steht …, dazu braucht man gar nicht die komplizierten Auswertungsmethoden zu lernen …" Gunda überlegte, ob sie überhaupt noch zur Prüfung antreten sollte. Sie schämte sich ganz schrecklich. Hatte sie alles falsch verstanden?

Schweren Herzens meldete sie sich zur Prüfung an und konzentrierte sich ganz und gar auf die Spezialgebiete ihrer Lehrerin. Dass diese genau diese nicht prüfte, war Pech – aber auch da hätten ihr andere Studenten sagen können, dass der Professorin immer ein Vergleich mit anderslautenden Theorien wichtig war; Gunda aber kannte nur die Theorien ihrer Professorin, und auch diese waren irgendwie nicht ganz so gut herausgekommen, wie sie es beim Lernen gedacht hatte. Es wurde kein Desaster, aber es wurde doch nur eine Drei. Die anderen Fächer hatte Gunda nicht so ernst genommen – und auch das zeigte sich in den Noten. Mit einem Wort: Gundas Zeugnis konnte man nicht wirklich fröhlichen Herzens herzeigen. Die Familie freute sich trotzdem und feierte Gunda mit sehr hübschen Geschenken und überraschte sie mit einer Reise nach Weimar.

„Immerhin", sagten alle, „sie ist jetzt achtundsechzig, da sitzen andere alte Frauen im Lehnstuhl und stricken." Gunda wusste, dass dies für heutige Achtundsechzigjährige natürlich nicht stimmt, lächelte aber dankbar. An Berufsausübung dachte sie nicht mehr, ab und zu machte sie noch privat einige Stunden Logopädie, aber irgendwie war ihr das Berufsleben verleidet und einige Zeit hindurch wollte sie von Psychologie und vom Studium nichts wissen.

War sie eben doch dumm? Oder: dumm geworden? Diese Fragen nagten an ihr. Sie war doch früher eine recht gute Schülerin gewesen, immer vorneweg und ganz ungeniert, wenn sie etwas nicht verstanden hatte. Warum war das nun alles so anders?

Sie fasste sich ein Herz und erbat von ihrer Professorin, der sie eigentlich keine Bösartigkeit zutraute, einen letzten Gesprächstermin. Diese war sehr freundlich und lud sie zu einer Zeit außerhalb der offiziellen Sprechstunde ein, damit man länger miteinander reden könne. Gunda wollte wissen, was sie falsch gemacht habe im Studium, ob ihr die erfahrene Frau helfen könne, das alles zu verstehen.

Wenn sie diese in sehr freundlicher Atmosphäre verlaufene Stunde nachher überdachte und sortierte, dann kam sie zu folgender Zusammenfassung: Sie hatte immer wieder nach „sicheren" Wahrheiten gesucht; sie hatte nicht begriffen, dass gerade die Psychologie ein Fach ist, das mit solchen Wahrheiten nicht aufwarten könne, weshalb man psychische Phänomene immer wieder flexibel von allen Seiten betrachten müsse. Manches, so hatte diese Frau gesagt, sei eben nur dadurch zu erfassen, dass man es mit unterschiedlichen Theorien ansieht. Und genau dies habe Gunda in ihrer Diplomarbeit nicht getan und deshalb sei die eben ziemlich banal geworden. Sie sei nicht sehr „mutig" im Denken, getraue sich nicht, über den Rahmen des Gegebenen hinauszugehen.

Gunda hatte das geahnt, schon nach dem Vordiplom, wo noch alles gut „erlernbar" gewesen war. Dass die Professorin es so schonungslos ausdrückte, schmerzte sie – aber sie wusste, dass daran viel Wahres war.

Jetzt, einige Jahre später, tut dies nicht mehr so weh. Gunda hat darüber nachgedacht, ob sie wohl in jüngeren Jahren mehr von dieser komplizierten Materie hätte begreifen können; sie meint: Ja, in jüngeren Jahren hätte sie sich wahrscheinlicher mutiger hineinbegeben in den „Kampf" mit den Interviews.

Und doch ist sie froh, dass sie das ganze Unternehmen gewagt hat, denn natürlich hat sie auch viel dabei gelernt. Sie liest jetzt wieder psychologische Fachliteratur (das hat sie nach dem Diplom tunlichst vermieden), sie kommt sich nun nicht mehr dumm vor und denkt an viele Episoden ihrer Studienzeit gerne zurück. Mit zwei Kommilitoninnen hat sie hin und wieder Kontakt und hört immer interessiert zu, was die aus ihrem Berufsleben zu berichten haben.

Gunda sieht ihre Begrenzungen; diese stehen nicht unbedingt nur im Zusammenhang mit ihrem Alter, aber ganz unabhängig davon, so meint sie, sind sie nicht. Sie ist nun, aus der Distanz, sogar wieder ein wenig stolz, dass sie das alles geschafft hat, „trotz Alter"; vielleicht, so hat sie schon ein paar Mal gesagt, war sie auch allzu ehrgeizig: Sie wollte den Jungen zeigen, wie klug auch alte Menschen sein können, und hat nicht bedacht, dass eben weder das Gedächtnis noch die Spannweite des Denkens im Alter sehr groß sind.

Dass Entwicklung „alles" ist – das betont sie auch jetzt. „Aber", so sagt sie lächelnd, „die Richtung der Entwicklung kann ganz anders sein, als man dachte."

Alte und neue Aufgaben

„Niemand hat so viel zu tun wie ein Rentner", so heißt es oft. Guckt man genauer hin, dann entpuppt sich dieser banale Spruch meist als Unsinn. Rentner und Pensionäre haben meist nicht besonders viel zu tun, oft erscheint es aber so, weil sie sich mit einzelnen schlichten Aktivitäten viel zu lange befassen. Dies gilt vor allem für Männer, weil Frauen schon immer – meist ganz nebenher – den Haushalt gemanagt haben und nun alles ein wenig sorgfältiger angehen können, ohne dass sie dauernd herumtüfteln. Männer aber verwenden nun für die uninteressantesten Tätigkeiten sehr viel Zeit: Die Zeitung wird bis in die letzten Werbespalten hinein gelesen, das Wegbringen der Wäsche zur Reinigung dauert Stunden und auch das Einkaufen wird als eine eigenständige Tätigkeit angesehen, für die man den halben Tag ansetzt.

Welches Bild eines einigermaßen gesunden und noch jugendlichen männlichen Rentners haben wir denn eigentlich? Nun, es ist in unserer von Werbebildern her geprägten Vorstellung das eines Mannes, der nun alles ein wenig „langsamer" angehen lässt, sich in Haus und Garten nützlich macht, mit Kindern und Enkelkindern öfters zusammenkommt und seiner Frau im Haushalt hilft. Für die weibliche Rentnerin braucht es keine neuen Bilder: Da springt das alte Hausfrauenbild wieder ein. Beide, so hören wir auch, reisen nun mehr miteinander – in Gruppen oder auch nur in alter Zweisamkeit.

Das alles klingt gemütlich und traulich.

Wie aber sind die nunmehr freigewordenen Stunden wirklich genutzt, wenn man sich nicht in Unsinnigkeiten zerfasert? In vielen Partnerschaften schleicht das graue Gespenst der Langeweile herum. Das war während des Arbeitslebens gar nicht so recht zu bemerken gewesen – nun wird es akut. Und Langeweile zieht sofort einen noch trübsinnigeren Bruder nach sich: den Streit. Alte Akten werden aufgeschlagen, vor allem von den Ehefrauen: „Als die Kinder klein waren, hast du dich immer verdrückt", „Sparsam warst du ja nie, sonst hätten wir jetzt mehr." Neue Schuldberge werden aufgetan: „Jetzt wenigstens könntest du lernen, wie man Hemden bügelt", „Auf dich kann man sich nicht einmal beim Fahrplanlesen verlassen" ..., und so kann man sich stundenlang ärgern und angiften. Das alles ist trübsinnig und langweilig.

Da für viele Menschen ab fünfundsechzig, wo sie häufig noch gesund und frisch sind, keine Chance mehr besteht, ins Arbeitsleben integriert zu werden, ist auf dem Gebiet der alten Kompetenzen nicht mehr viel zu machen. Es ist endgültig zu Ende, wenn man den letzten Sekt mit den Kollegen getrunken hat und alle behaupten, dass nun ein wunderbarer Lebensabschnitt vor einem liege. Das kann durchaus stimmen – aber mir ist noch kein Fall begegnet, wo differenzierte Menschen (vorausgesetzt sie sind gesund) wirklich glücklich sind ohne irgendeine Aufgabe, die über ihr eigenes kleines Leben ein wenig hinausweist.

Das mag eine Fortsetzung der früheren Kompetenzen mit ein wenig anderer Struktur sein, das mag eine neue Aufgabe sein, die sich nicht im Rahmen der engen familiären Beziehungen erschöpft.

Manchmal findet sich eine Entdeckung, die das Alter vollkommen ausfüllen kann: ein neues Hobby oder ein neuer Einsatz für ein neues Ziel. Vor vielen Jahren gab es einen Film „Kleine Fluchten", in dem ein solches Entdecken in Person eines einfachen Landarbeiters gezeigt wurde. Nach seiner Berentung kaufte er sich einen Fotoapparat, um sein Traumziel, „die Besteigung des Matterhorns", fotografieren zu können. Dies gab seinem Leben den rechten Sinn. Im neuen Film „Schultze gets the Blues" findet der arbeitslose Bergarbeiter ein neues Verhältnis zur Musik und lässt sich davon in ein neues Leben führen.

Eine solche Aufgabe gibt nicht nur die so wichtige Struktur des Tages vor (die kann man auch im Besorgen des Haushalts finden), sie bedeutet mehr: das Gefühl, dass man mit der Welt in Verbindung bleibt, dass man noch etwas zu geben hat, dass man nicht eingeengt im Gehäuse des eigenen Ego stehen bleibt, ja: dass man noch einmal neue und andere Erfahrungen machen kann.

Gisela: Da muss doch etwas bleiben

Gisela war früher eine recht beliebte Kinderärztin gewesen. Sie hatte im Krankenhaus gearbeitet und hatte sich zum Erstaunen vieler Kollegen auch als Familientherapeutin einen Namen gemacht. Sie war immer der Meinung gewesen, dass alle Krankheiten des Kindes in recht bedeutsamer Weise auf das Familiensystem einwirken oder sogar davon erzeugt werden. Sehr oft bestellte sie daher auch die ganze Familie bis hin zum kleinen Schwesterchen (oder sogar zum Familienhund) ein, um die Beziehungen zwischen den Familienmitgliedern studieren und beeinflussen zu können. Das gab nicht nur ihr, sondern auch der gesamten Klinik eine ganz besondere Reputation. Gisela hatte also ein sehr interessantes Berufsleben hinter sich. Gisela, selbst kinderlos zu ihrem und ihres Mannes Kummer, hatte fünf Geschwister und viele Neffen und Nichten. Sie war ein beliebter Mittelpunkt dieser weitverzweigten Familie, die sich übrigens eines recht bedeutsamen Stammbaumes rühmen konnte. Man gab auf Tradition: Familientreffen, Familiengedenktage, ein zu verwaltendes Familienerbe – das alles hatte auch Gisela wichtig genommen, weil sie der Meinung war, dass Traditionen Kultur schaffen und erhalten.

Schon vor ihrer Pensionierung hatte Gisela zusammen mit einer Freundin aus Kindertagen einen Ausflug in ein altes Kloster gemacht. Dieses war früher einmal ein Internat gewesen, in dem auch Gisela, zusammen mit ihrer Freundin, zwei Jahre verbracht hatte. Es war ganz und gar nicht die Erinnerung an diese Zeit – Gisela hatte sich nicht besonders wohl gefühlt in diesem von Stiftsfrauen geleiteten Internat –, die ihr Interesse am alten Kloster erregte. Es war vielmehr die Tatsache, dass dieses herrliche gotische Klosterensemble verfallen und verrottet aussah, weil man in der DDR das Geld nicht gehabt hatte, es zu erhalten. Gisela sah plötzlich eine neue Aufgabe vor sich: altes Kulturgut erhalten, eine „Perle" der Baukunst, wie es im Baedeker hieß, vor dem endgültigen Verfall zu retten. Gisela dachte sich – bestärkt durch viele Gespräche und assistiert von einer Nichte, die Kunsthistorikerin war – in die ganz neue Materie hinein. Was musste da nicht alles bedacht werden: Kontakte zur evangelischen Kirche (die das Kloster verwaltete), Beziehungen zu Politkern (da hatte Gisela durch ihre Familie einige Verbindungen), das wichtige Geschäft des „Sponsoring" begreifen (Gisela hatte natürlich vorher nicht einmal das Wort gekannt), Mitstreiter aus alten Tagen finden und dergleichen mehr. Und natürlich das Wichtigste: dem alten Gebäude neues Leben einhauchen, indem man einen neuen Inhalt fand. Ein Internat kam aus vielerlei Gründen nicht in Frage, wie sie lernen musste. Aber was sonst? Nun, das ganze Projekt entwickelte sich langsam, natürlich unterstützt von einer Reihe anderer Menschen, die zum Teil wiederum mit Gisela befreundet waren. Gisela hatte fast so viel zu tun wie in Klinik-Zeiten. Natürlich arbeitete sie ehrenamtlich, gab immer wieder einen Teil ihrer Pension aus für ganz besonders dringende Anschaffungen (hier waren Postwurfsendungen zu bezahlen, dort war eine Malerrechnung offen geblieben usw.). Gisela blieb tatsächlich nicht viel Freizeit übrig. Fünf bis sechs Jahre war sie selbst immer wieder „an der Front" gestanden, dann zwang eine Krankheit sie, ein wenig kürzer zu treten. Sie hatte aber in der Zwischenzeit eine ganze Phalanx von arbeitswilligen Frauen (Männer waren selten zu gewinnen) aufgetan und widmete sich nun den Aufgaben, die man auch von zu Hause aus tun konnte. Man war überein gekommen, eine Tagungsstätte aufzubauen, auch selbst Kurse anzubieten, und da waren Giselas Kontakte zur Therapeutenszene recht wichtig. Sie kannte viele davon, sie war auch mit Theologen befreundet und einer ihrer Brüder, selbst Pfarrer, galt als ein ganz besonders guter Didaktiker. Er bot sich an, mit interessierten Menschen ab und zu an einem Wochenende Bibelarbeit zu machen; Einblick in Familientherapie konnte Gisela selbst geben; andere organisierten Fahrten in rundum gelegene Klöster und so entwickelte sich langsam, von vielen Schwierigkeiten immer wieder heimgesucht, neues Leben im alten Kloster. Gisela konnte zufrieden sein und: Sie war sich dessen bewusst, das sie auch für die nächsten Jahrzehnte noch Aufgaben, vielleicht sogar Arbeitsplätze, geschaffen hatte. Ihren fünfundsiebzigsten Geburtstag feierte sie mit vielen Freunden und Mitarbeitern in den Klosterräumen. Dass in der kleinen und wunderschönen Kapelle einer ihrer Freunde mit seiner Frau ein Orgelkonzert gab, war als eine besondere Überraschung einer der Höhepunkte des Festes.

Gisela konnte genießen, was sie mit geschaffen hatte. Es weist weit über ihren engen Kreis hinaus und wird von Gisela vermutlich noch so lange begleitet werden, bis sie dazu nicht mehr imstande ist.

Herta: Das war nicht das Richtige

Dass Herta einen ganz anderen Beruf als den der Sekretärin gewollt hatte, verstanden ihre vielen Freunde gut. Sie hatte solch weitverzweigte Interessen, war vielen schon eine wahrhaft begnadete Helferin bei der Einrichtung und beim Umbau ihres Hauses gewesen, hatte eine beachtliche Sammlung von Platten mittelalterlicher Musik, kannte sich in der Film-Szene aus und wusste mit Geldanlagen umzugehen. Zwar war sie in ihrer Firma eine außerordentlich geschätzte Sekretärin, die auch bald einmal Sachbearbeiterin-Aufgaben übernahm, aber wirklich erfüllt fühlte sich Herta in ihrem Beruf trotzdem nicht. Aber was hätte sie sonst tun sollen? Sie hatte nach ihrer Scheidung die Tochter zu versorgen, die Alimente des Ex-Mannes reichten für keinerlei gehobenen Standard aus, und der neue Lebenspartner, den Herta seit ihrem fünfundfünfzigsten Lebensjahr hatte, war ein Künstler, der auch nicht gerade mit Reichtum gesegnet war. Herta arbeitete also brav bis zu ihrem dreiundsechzigsten Lebensjahr und war froh um die doch ganz nette Rente. Helmut, ihr Freund, drängte zur Heirat und Herta sah eigentlich keinen Grund, nicht einzuwilligen. Die Hochzeit war lustig, auch ein wenig rührend und Herta fühlte sich wohl. Was aber sollte nun geschehen? Dass sie nicht die Hausfrau spielen wollte, war klar. Helmut hatte nun einige gute Aufträge bekommen und es sah aus, als bekäme er nun doch noch späte Anerkennung als Künstler.

Herta rechnete hin und her, Herta verbrachte viele Abende mit Helmut, um zu planen. Und Herta kaufte ein altes und baufälliges Haus in einem kleinen Ort, in dem es an Kultur nicht mehr als ein Kino gab. In diesem Kino spielte man den „Terminator", Filme mit aufregenden Titeln wie „Der Wixxer" oder „Jodeln aus der Lederhose" sowie Science-Fiction-Filme. Dorthin wollte das Paar ziehen? Weg von den guten Freunden, weg von aller Kultur?

Ja, Herta hatte einen Plan: Zuerst einmal musste das Hausprojekt so zurechtgeschneidert werden, dass die Finanzen stimmten, dass Helmut dort ein Atelier bekam und, ja, das war der Kern des Planes: dass Herta ein Kino aufmachen konnte. Ein ganz besonderes Kino natürlich. Herta überwand innerhalb von zwei Jahren alle Schwierigkeiten: Hausbau, Konzession, Anschaffung der Geräte – alles war perfekt.

Herta wusste, was sie zeigen wollte. Meist waren es Retrospektiven, manches Neue mischte sich darein und wenn sie auch nicht unbedingt darauf baute, dass die Dorfjugend in ihr schlichtes Kino kommen würde: Sie wusste, wie man die im Umkreis wohnenden interessierten Leute ansprechen kann, wie man Werbung macht, und siehe da: Hertas Kino florierte. Sie verdiente beileibe nicht viel damit, aber unterm Strich blieb sogar ein wenig übrig. Helmut war ein guter Helfer, auch ihn interessierte das Projekt und er fuhr oft in die Großstadt, um sich neue Filme anzusehen und auszusuchen. Herta hat das gute Gefühl, Kulturarbeit zu leisten. Vor jeder Vorführung gibt es in ihrem Kino einen kleinen Einführungsvortrag und ab und zu gelingt es ihr sogar, einen Regisseur oder einen Schauspieler einzuladen, mit dem sich das Publikum unterhalten kann. In letzter Zeit finden sich immer mehr Dorfbewohner ein, sogar Jugendliche. Sie nimmt keine hohen Preise, sie gibt freundlich Auskunft über Inhalte und druckt jeweils sehr informative Programme aus. Man besucht Herta und Helmut gerne in ihrem Haus und die beiden freuen sich, wenn das Haus voll ist. „Genau so wollte ich das", meint Herta, die nun ihren siebzigsten Geburtstag gefeiert hat – natürlich mit ganz besonderen Filmvorführungen.

Ich habe ja meine Familie ...

Wenn das Arbeitsleben beendet ist, bleibt mehr Zeit für die Familie – so meinen viele ältere Menschen, die in Pension gehen. Und dies, so denken vor allem die Frauen, ist doch Erfüllung genug. Sie sind oft froh, dass nun der Arbeitsstress wegfällt. Nun ist mehr Zeit für Kinder und Enkel, und natürlich ist auch der Partner bzw. die Partnerin bei verheirateten Paaren wichtig. Man kann sich ihr oder ihm nun besser widmen.

Das alles klingt sehr schön und kann es auch sein. Es kann aber auch in vielerlei Hinsicht schwierig werden. Für viele Menschen, vor allem für Frauen bedeutet nämlich „Familie" heutzutage oft auch: „die alten Eltern". Natürlich ist man froh, dass man sie noch hat, vor allem wenn sie gesund sind. Außerdem fühlt man sich, solange die fünfundachtzigjährige Mutter einen noch braucht, selbst jung. Aber bald merkt man, dass sie sich immer mehr als ein Klotz am Bein erweist. Ferien? Was soll Mutter denn in dieser Zeit machen, ohne dass man zumindest jeden zweiten Tag vorbeischaut, jeden Tag anruft, ob es ihr noch gut geht und einmal wöchentlich zur Fußpflege begleitet. Denn alleine kann sie nun wirklich nicht mehr mit dem Bus fahren. Diese Art von Familiendienst (die vor allem den Frauen zufällt, wie uns die Statistiken zeigen) ist nun nicht mehr so erstrebenswert; anständige Töchter aber – von Söhnen ist da weniger die Rede – sind natürlich verpflichtet, sich diesem Dienst nicht zu entziehen. Er ist wirklich nicht leicht und manche Tochter denkt nicht unbedingt mit Schrecken an den möglichen Tod der Eltern. Ist man etwa siebzig Jahre alt, dann kann man eben selbst oft nicht mehr die fünfundneunzigjährige Mutter heben und geleiten – der Rücken tut weh und außerdem hat man Rheuma.

Im Pflegeheim sieht man es gerne, wenn die Familienangehörigen möglichst oft vorbeikommen. Aber: Was ist „oft"?
Meine uralte Tante ist ziemlich beleidigt, weil ihr jüngerer
Sohn nur einmal wöchentlich vorbeischaut. Der ältere hingegen
kommt jeden Tag nach dem Büro vorbei. Er ist jetzt sechzig
und hätte gerne ein wenig mehr Zeit für Kino und Oper. Aber
er bringt es nicht über sich, die alte und behinderte Frau so
traurig zu sehen, wenn er sagt, dass er morgen nicht vorbeikommen könne … Schließlich hat er, im Unterschied zum jüngeren, keine Familie, was habe er denn groß zu tun?

Das alles sind Probleme, die sich in nächster Zeit mit dem
Älterwerden der Gesellschaft sicherlich nicht gerade verbessern
werden. Kleine Familien bedingen, dass nur ein oder zwei
„Kinder" sich um die immer älter werdenden Eltern kümmern
können. Ist die Familie größer, dann kann es unter Umständen
leichter sein: Wenn Fünfe sich abwechseln mit der Pflege der
Mutter oder einfach mit den Besuchen, dann hat man nicht so
leicht ein schlechtes Gewissen. Aber nicht immer ist es leicht,
sich mit uralten Menschen zu befassen: Noch immer kann
plötzlich die alte Kinderrolle durchschlagen. Man fordert dann
mehr Verständnis, man kann es nicht fassen, dass der Horizont
der Alten so klein geworden ist, dass sie vielleicht stärker dement sind, als man wahrhaben will. Welch fröhliche und energi-
sche Frau war Mutter doch früher gewesen! Ist das dieselbe
Person, die jetzt so trübselig jammernd im Lehnstuhl sitzt und
ganze Tage lang nichts sehen will als alte Videoaufnahmen von
Filmen mit Ruth Leuwerik, ihrem Jugendschwarm? Und der
Vater war früher auch ein besserer Gesprächspartner, als er
noch Direktor der Versicherung war und kauzige Berichte
über Kunden von sich gab. Jetzt erzählt er hauptsächlich von
Arztbesuchen und Untersuchungsergebnissen.

Susanne: Ein Schritt zurück

Susanne ist eine sehr bewusst lebende zweiundsechzigjährige Frau, klar denkend, Rechtsanwältin mit gut gehender Praxis und einem großen Freundeskreis. Ihr Mann ist sehr viel älter, längst in Pension und nicht mehr sehr belastungsfähig. Susanne aber arbeitet nach wie vor sehr viel.

Der Vater, lange tot, hat in seinen letzten Tagen von der ganzen Familie viel Liebe und Fürsorge erfahren. Die Ursprungsfamilie: Das sind fünf Kinder, die jetzt alle weit über fünfzig sind. Die Mutter war damals noch sehr energisch, kräftig und immer ein lebhafter Mittelpunkt der gesamten Familienschar mit diversen Enkeln, Nichten und Neffen gewesen.

Nun ist sie über neunzig Jahre alt und recht gebrechlich, leider aber auch sehr starrsinnig. Von der alten Lebhaftigkeit und Energie ist nicht mehr viel zu spüren, außer wenn sie irgendetwas partout nicht will – zum Beispiel, dass die ältere Tochter mit ihrem Mann in Urlaub fährt oder wenn sie nach einem Oberschenkelhalsbruch Übungen machen soll. Bei der ältesten Tochter lebt sie. Man hat ihr versprochen, dass man sie nie in ein Heim geben will und keines der fünf Kinder hat dies auch vor. Man hat, da alle im engen Umkreis wohnen, eine Art „Dienstplan" eingerichtet, wonach die Älteste, nunmehr vierundsechzig, samt Ehemann während der Woche für die Mutter sorgt, jeden Morgen ein Sohn den Waschdienst übernimmt und am Wochenende die Geschwister reihum die Mutter versorgen. Das klappt erstaunlich gut.

Auch Susanne hält – trotz großer Belastung im Beruf – ihre Zeiten ein, ihr Mann hilft, so gut er kann. Susanne war aber, als ihre Mutter bettlägerig wurde, längere Zeit hindurch außerordentlich belastet – nicht so sehr physisch als vor allem psychisch.

Sie hatte ein sehr nahes Verhältnis zur Muter gehabt, hatte sie ihrer Tüchtigkeit wegen bewundert und wenn sie auch in vielen Belangen längst über die Mutter „hinausgewachsen" war, so hatte sie sich doch immer noch als ein umsorgtes Kind fühlen können, wenn sie sehr oft am Mittagstisch der Mutter saß (ihr Büro lag in Gehweite zur mütterlichen Wohnung), irgendwelchen Geschichtchen über Verwandte und Freunde lauschte und nach wie vor von der Mutter gerügt wurde, weil sie nach deren Meinung zu viel rauchte.

Nach dem Oberschenkelhalsbruch und einem kleinen Schlaganfall änderte sich dies sehr plötzlich. Die Mutter wurde misstrauisch, nörgelig, quengelte dauernd vor sich hin und zählte in kleinlicher Weise immer wieder alle (oft längst vergangenen) Vergehen ihrer Töchter und Söhne auf. Mit einem Wort: Sie war, zumindest zeitweise, eine sehr unangenehme alte Frau geworden, ganz anders als man sich das früher hätte vorstellen können. Eigentlich gab es wenig, womit man sie erfreuen konnte. Susanne spürte immer wieder Gefühle von Widerwillen, ja sogar Hass in sich aufsteigen, wenn sie am Bett der Mutter saß, sie mühsam in den Rollstuhl hievte oder ihr – nur äußerlich geduldig – beim Essen half.

Es war klar, dass die Mutter nicht mehr lange leben würde, und Susanne gestand sich ein, dass sie diesen Tag herbeisehnte. Wurden ihr solche Gedanken bewusst, dann erschrak sie. War sie wirklich ein solch undankbares Monster, das der eigenen Mutter den Tod wünschte? Sie tat nach solchen Einbrüchen alles, um die bösen Gedanken wieder gutzumachen: brachte Blumen, gab liebe Worte, küsste die Mutter zärtlich und schenkte ihr einmal sogar einen kleinen Stoffhund, der sie über den noch immer betrauerten Verlust ihres Hundes trösten sollte. Dieser Hund und sein Tod vor drei Jahren schien sowieso einen immer wieder neu aufbrechender Schmerz zu verursachen.

Susannes Mutter war früher oft in die Kirche gegangen und galt als eine sehr christlich denkende Frau, die vielen Menschen Gutes getan und viele Freunde um sich geschart hatte. Ohne übergroßes Getue war sie fromm und hatte ihre Kinder auch in diesem Sinn erzogen. Susanne machte sich klar, dass ihre Enttäuschung über das Verhalten der Mutter auch damit zusammenhing. Eine solch christliche Frau, so dachte sie voll Ärger, sollte sich vielleicht mehr mit dem befassen, was noch auf sie zukommt, sollte sich ihres Glaubens versichern und an den herannahenden Tod denken. Wenn sie vor dem Mittagessen ein Gebet murmelte, wurde Susanne nun wütend und dachte, dass die Mutter dies auch ebenso gut lassen könnte – es wären ja sowieso nur leere Formeln, die sie keinen Deut weiter gebracht hätten als jeden x-beliebigen Atheisten. Die vielen kleinen Gekränktheiten, die Wehleidigkeit (zum Beispiel über den Tod des Hundes) fachten immer wieder von neuem ihre Wut an. Am wütendsten wurde sie, wenn die Mutter fremden Leuten erzählte, dass sie sehr einsam sei und fast nie jemand sie besuche – und dies in Anbetracht der vielen Dienstleistungen der Kinder und auch Enkel. „Du bist so kalt", klagte die Mutter manchmal und Susanne musste sich eingestehen, dass dies zutraf. Sie konnte einfach nicht Gefühle zeigen, die sie nicht hatte.

Susanne sprach darüber mit ihrem Mann, mit Freundinnen und schüttete dabei ihr Herz aus, ohne sich zu schonen. Diese Gespräche, so merkte sie, wurden immer wichtiger. Ihr Mann, ein sehr feinfühliger Mensch, gab ihr zu bedenken, dass der betrauerte Hund vielleicht etwas mit der Angst der Mutter vor dem eigenen Tod zu tun haben könnte. Nie hatte die Mutter darüber gesprochen – und dies erschien ihr vielleicht oberflächlich, aber: Konnte Susanne denn nicht die dahinter stehende Angst verstehen? Und diese Kleinlichkeit, wenn sie das Gefühl hatte, nicht alles drehe sich um sie: Wie sehr hatte sie doch früher im Mittelpunkt gestanden, hatte ihre ganze Kraft für Familie und Freunde gegeben – da bedeutete das hilflose Alter nun wirklich eine große Kränkung, vielleicht noch mehr als bei anderen, weniger tatkräftigen Menschen. Susanne versuchte langsam, mehr vom Leben ihrer Mutter zu begreifen und dadurch ihre Enttäuschung zu verarbeiten. Gut, sie selbst war immer sehr viel reflektierter mit den eigenen Gefühlen und Handlungsweisen umgegangen – aber konnte sie denn dasselbe von ihrer Mutter erwarten? Mutter war ein Aktionsmensch gewesen, das hatte sie doch gewusst. Meinte sie wirklich, jeder alte Mensch sollte nun, weise geworden, sich in das kontemplative Leben zurückziehen und an die letzten Dinge denken? Welchem Idealbild war sie da aufgesessen?

Susanne lernte mit Mühe, aber stetig, die alte Mutter so zu nehmen, wie sie war: manchmal – selten – noch immer fröhlich; manchmal ein wenig melancholisch und still und – leider recht oft – eben nörgelig. Sie nahm dies nun hin „wie das Wetter", sagte sie. „Ich habe mich von ihr verabschiedet", sagte sie manchmal auch. „Sie war in ihren Grenzen eine sehr gute Mutter und hat viel gegeben – aber das darf nicht heißen, dass sie nun auch eine weise alte Heilige sein muss; ihr Leben ist vollendet, ohne dass es einen krönenden Abschluss gibt. So etwas zu erwarten – das ist Schnulzenromantik, das weiß ich jetzt."

Susanne wird, wenn es so weit ist, die Mutter sicher gut loslassen und in realistisch-guter Erinnerung behalten können.

Das Problem der alten Eltern ist also eines, das uns noch viele Sorgen machen wird und das schon jüngere und erst Recht ältere Menschen auch in Hinblick auf unser eigenes hohes Alter bedenken müssen. Wie sollen denn unsere Kinder mit uns umgehen? Die meisten behaupten – jetzt noch! –, sie wollten den Kindern auf keinen Fall zur Last fallen. Wie aber sieht das aus, wenn man hilflos und nur eingeschränkt handlungsfähig ist? Was weiß man dann noch von der „Last", die man bedeutet? Susannes Mutter ist recht anspruchsvoll, obwohl ihre Situation für einen alten Menschen beneidenswert ist: Betreut von den eigenen Kindern und Schwiegerkindern, im eigenen schönen

Wohn- und Schlafzimmer (die Tochter hat tatsächlich den aller-schönsten und hellsten Raum zur Verfügung gestellt), und trotzdem findet sie immer wieder, man ließe sie zu oft alleine, man kümmere sich nicht um sie. Die Einsamkeit des Alters macht natürlich auch hier nicht Halt – noch so viel Fürsorge der Familie ersetzt nicht den früheren großen Kreis, den Susannes Mutter um sich geschart hatte.

Ein ganz anderes Familienproblem sind die eigenen Kinder und Enkelkinder, die viele ältere Menschen nach ihrem Arbeitsleben nun häufiger sehen, unter Umständen auch öfters betreuen wollen. Dies lässt sich meist gut an, wenn die Familie an einem Ort wohnt. Babysitterdienste werden oft dankbar entgegengenommen, sofern die Beziehungen zwischen den Familienmitgliedern überhaupt „stimmen". Schwieriger kann es werden, wenn – nicht zu Unrecht – die Eltern finden, dass man nicht nur zu Babysitter-Diensten tauge. Schließlich hat man noch mehr zu sagen und zu geben als Gedichtchen über den „Kleinen Hampelmann" und Kinderliedchen wie „Alle meine Entchen". Also könnten die nunmehr erwachsenen Kinder doch auch öfters einladen, alleine oder – ebenfalls wichtig – zusammen mit anderen Gästen. Soll man immer nur anhören, wie wunderbar die Tochter bei der letzten Einladung zum Abendessen wieder einmal ein neues Siebeck-Rezept ausprobiert hat? „Mutti, du nimmst dir doch, was du willst, aus dem Kühlschrank, es ist auch noch ein Rest von Sonntag da", ruft sie der babysittenden Mutter rasch zu, bevor sie ins Büro oder in die Praxis aufbricht. Das kann kränken, wenn es zu oft passiert, und sollte auch nicht ohne Protest der Mutter immer wieder passieren. Die Aufgabe als Babysitterin muss mit einer Kompensation verbunden sein.

Bianca: Wer bin ich denn?

Bianca, eine noch recht gesunde und vitale Frau von sechsund-
sechzig Jahren und ehemalige Sachbearbeiterin im Ministerium,
war seit einem Jahr in Pension, als ihre einzige Tochter, eine Ärztin, doch noch das lang ersehnte Baby bekam. Bianca war Witwe,
hatte einen Freund und außerdem noch einige gute Bekannte.
Allerdings war ihr nach einem recht interessanten Berufsleben
das jetzige Dasein doch auch ein wenig eng erschienen. Ihr
Freund, einiges älter, gehörte nicht zu den regsten und ließ es
sich lieber daheim gut gehen, als dass er zu häufigeren außer-
häuslichen Aktivitäten bereit gewesen wäre. Das neue Baby elek-
trisierte sie. Das war nun eine neue Aufgabe, die ihr zusagte. Sie
hatte sich Sorgen gemacht wegen der Kinderlosigkeit ihrer Tochter und gar nicht mehr so richtig auf Nachwuchs gehofft. Der
Schwiegersohn, den sie recht gerne hatte, war als viel beschäftig-
ter selbständiger Geschäftsmann oft auf Reisen und hatte wirklich wenig Zeit. Biancas Angebot war also sehr willkommen. Für
drei Tage in der Woche hatte sie sich sozusagen „verpflichtet",
das sparte Geld und hinterließ bei den jungen Eltern nicht das
Gefühl, man habe das Baby irgendwie „abgegeben".

Bianca war zufrieden; zumindest so lange bis ihr klar wurde,
dass sie eigentlich „nichts anderes" als eine Babysitterin war.
Kamen Tochter und Schwiegersohn nach Hause, dann folgte
nie eine Einladung, vielleicht doch noch zum Abendessen zu
bleiben, und auch an den Sonntagen war die kleine Familie offenbar lieber unter sich oder mit Freunden zusammen als mit
der Mutter. Bianca fühlte sich ausgenutzt, war gekränkt. Bianca
wusste allerdings nicht, ob man solche Dinge ansprechen könnte. Ihr Freund Albert riet davon ab. Sie möge sich lieber bald
einmal „abseilen" von dieser Verpflichtung, meinte er. Das
aber wäre gegen Biancas Gefühl gewesen. Sie liebte den Kleinen, war entzückt über jeden Fortschritt in der Entwicklung

und dachte wie alle verliebten Großmütter, dass er etwas „ganz Besonderes" sei. Trotzdem: Sie war doch nicht nur Großmutter! Wäre eine Einladung zum Essen oder ins Theater zu viel verlangt gewesen?

Bianca merkte selbst, dass sie sich im Kontakt mit ihrer Tochter immer mehr verkrampfte. Sie wollte es sich nicht mit ihr verderben, sagte nichts und wurde mürrisch. Die Tochter schien dies unter all ihrer Arbeitslast nicht zu bemerken. Sie musste sich gerade auf ihre Facharztprüfung vorbereiten, schien nervös, sah elend aus und bei jedem Zahnen des Kleinen waren die Nächte natürlich gestört, so dass sie auch nicht ausspannen konnte. Das verbesserte die Laune der jungen Mutter wohl auch nicht. Bianca schlug vor, den Kleinen nun, da er abgestillt war, für zwei Wochen zu sich zu nehmen. Die Tochter hätte dann mehr Zeit für die Vorbereitung auf die Prüfung. Dies wurde sehr dankbar angenommen. Bianca aber merkte nun wirklich, dass sie nicht mehr im Alter einer wirklichen Mutter war – ein eineinhalbjähriges Kind, das schon laufen gelernt hatte, Tag und Nacht um sich zu haben, ging an den Rand ihrer Kräfte, wie sie bemerken musste.

Sie geriet ins Grübeln. Es erschien ihr kleinlich, darüber mit der Tochter zu reden. Andererseits aber verstand sie nun auch sehr viel besser, wie angestrengt ihre Tochter sich durch den Tag mühen musste. Sie selbst hatte jahrelang „Babypause" machen können, auch als die Tochter schon längst kein Baby mehr war. Die Jungen aber hatten es sehr viel schwerer. Ihre Tochter, das sah sie ein, konnte unmöglich allzu lange pausieren in ihrem Beruf. Auf ihren Platz in der Klinik warteten schon viele andere junge Ärzte. War es also nicht ihre Pflicht, sich ohne viele Erwartungen um das – doch wirklich sehr geliebte – Enkelkind zu kümmern?

Bianca fand für ihren Zwiespalt keinen probaten Ausweg, keine patente Lösung. Sie fand aber, indem sie die Lage ihrer

Tochter bedachte, einen anderen Zugang zur früher behaupteten „Rücksichtslosigkeit" von Tochter und Schwiegersohn. So sehr wichtig war es schließlich nicht, ob sie einbezogen wurde in das Alltagsleben der beiden. Sie hatte ihre eigenen Freunde, sie bekam einen ganz eigenen Zugang zum Leben des Enkelsohnes – das war doch eigentlich befriedigend. Ihre Idealvorstellung – das traute Zusammensein der drei Generationen – war in der heutigen Zeit einfach nicht zu erwarten, das wurde ihr immer klarer. War es Einbildung oder beruhte es auf realen Fakten, dass parallel zu ihren Erkenntnissen auch die Tochter entspannter und der Mutter gegenüber engagierter wurde? Jedenfalls gab es zur bestandenen Facharztprüfung ein sehr gelungenes Fest, an dem sie mit Albert teilnahm und wirkliches Vergnügen hatte. Als man ihr zuprostete, weil sie nicht nur diese kluge Tochter geboren, sondern ihr durch ihre Großmutter-Dienste auch den Berufsweg erleichtert hatte, fühlte sie sich glücklich.

Dass ältere Menschen sich nach dem Arbeitsleben mehr um ihre Familien kümmern können, ist unbestreitbar, aber – wie dieses Beispiel zeigt – auch wiederum nicht ganz ungefährlich. Unsere Kleinfamilien bringen es mit sich, dass wir alten Eltern unsere ein oder zwei Kinder mit sehr vielen sorgenden Gedanken umgeben. Wir schreiben ihnen gerne besondere Fähigkeiten zu, wir haben sie als Kleinkinder oft als etwas ganz Herausragendes gesehen – mit einem Wort: Sie waren oft unsere narzisstischen Anhängsel, die für unser Wohlbefinden ganz wichtig waren. „Wenn ich dich gefragt habe, wie es dir geht, hast du geantwortet, dass deine Tochter jetzt schon kleine Mozart-Sonaten spielen kann – das war mir ein wenig langweilig", erzählte mir ein guter Freund, nachdem ich ihn nach zehnjähriger Pause wieder zum ersten Mal gesehen hatte. Ich schämte mich, musste aber gestehen, dass dies nicht übertrieben war. Kinder sind mit viel Bedeutung aufgeladen und auch wenn sie erwachsen sind, können sich viele Eltern nur schwer von dem Gedanken freimachen, dass sie noch immer im Mittelpunkt ihres Lebens stehen müssten. Denn auch das Umgekehrte ist der Fall: Die Kinder, kleine Edelsteine der verliebten Eltern, fühlen sich diesen Eltern gegenüber immer noch verpflichtet, als seien sie Schulkinder. Eine zwischen Erwachsenen notwendige Distanz ergibt sich oft nur schwer. Die „Kinder" fühlen sich schuldig, die Eltern sind gekränkt. Zu wenig Fürsorge, zu wenig Liebe monieren die Eltern. Anspruchlichkeit und Klammern wiederum beklagen die Kinder.

Dass dies nicht nur den persönlichen Schwächen zuzuschreiben ist, sondern an unseren westlichen Lebensumständen liegt, kann man oft nicht klar erkennen. Kleinfamilien haben es sehr oft an sich, dass sie ein Klima allzu großer Nähe erzeugen, dass man einander nur schwer loslassen kann. Eltern sollten daher immer wieder bedenken, dass ihre „Kinder" nicht nur ein eigenes Leben aufbauen müssen und daher nicht so viel Zeit haben für ihre Eltern, sondern sie müssen sich auch mit der – traurigen – Tatsache konfrontieren, dass es zu den Notwendigkeiten des Lebens gehört, dass die Eltern für ihre Kinder im Erwachsenenleben weniger Bedeutung haben als umgekehrt. Verhält es sich nicht so, dann ist mit der Erziehung wohl irgendetwas schief gegangen.

Die Familie ist im Alter sicher etwas Schönes, sie kann Freude und Halt bedeuten – aber man sollte unter den Bedingungen der westlichen Kleinfamilie nicht erwarten, dass sie wirklich Lebensinhalt sein kann. Lebensinhalt muss anders aussehen. Das gilt übrigens während der ganzen Lebensspanne, aber in jüngeren Jahren fällt all dies nicht so sehr auf. Der Lebensinhalt – wenn die Arbeit reduziert wird – sollte über die Person hinausweisen. Familie ist „erweiterter Narzissmus", wie eine meiner Freundinnen immer sagt, wenn sie ob ihrer Kinder- und Ehelosigkeit sowohl angeklagt als auch beneidet wird. Man kann aber trotz Familienbezogenheit darüber hinausgehen, indem man, wie Bianca es erfahren hat, die Familie nicht unbedingt zur Erfüllung eigener Wünsche nach Selbstaufwertung heranzieht (und sich enttäuscht abwendet, wenn sie diese Bedürfnisse nicht erfüllt!). Ein solches Von-sich-Absehen wirkt sich wohl immer positiv auf das ganze Familiensystem aus.

Gesine: Was haben wir nur falsch gemacht?

Gesine und Ralf haben zwei Töchter, beide beruflich erfolgreiche Journalistinnen und gut aussehende junge Frauen zwischen dreißig und vierzig. Die ältere ist solide verheiratet, hat zwei sehr nette Kinder, man mag auch den Schwiegersohn und außer einigen kleinen Unstimmigkeiten über die Erziehung – Gesine findet, dass ihre Tochter allzu besorgt ist um die Kinder – gibt es wenig zu klagen.

Aber die jüngere, Tanja, die ist ein wirkliches Sorgenkind für Gesine. Ralf allerdings hat weniger Probleme mit deren Lebenswandel. Tanja denkt nämlich zu Gesines Kummer nicht ans Heiraten, ja: Sie scheint nicht einmal an einen Freund zu denken. Und noch schlimmer: Sie erzählt ihrer Familie nichts, aber auch gar nichts über ihre Beziehungen. „Ist sie vielleicht lesbisch?", mutmaßt Gesine manchmal. Oder einfach „bindungsschwach?" Wieso aber? Was hat ihr im Elternhaus gefehlt? Gesine hat eine ganze Bibliothek zusammengetragen über „Angst vor Nähe", über Eltern-Kind-Beziehungen und über die Kleinfamilie mit ihren Problemen im Allgemeinen. Es gibt so viele Möglichkeiten, über dieses – für die beziehungsfreudige Gesine ganz fremde – Verhalten der Tochter zu spekulieren. Sie hat Tanja sogar einmal gefragt, ob sie nicht eine Familienaufstellung machen will, um ihre Probleme zu sehen. Tanja ist damals wütend aus dem Zimmer gerannt und hat geschrien, man möge sich, bitte sehr, um die eigenen Probleme kümmern und nicht um die ihrigen. Gesine möchte natürlich eine solche Szene nicht nochmals erleben. Sie meinte, nun klüger geworden zu sein und fragte nicht mehr direkt nach. Aber ihre ewigen Erkundigungen, was Tanja denn am Wochenende so mache und ob sie sich „mit anderen" (natürlich meinte sie: „mit Männern") getroffen habe, waren für Tanja leicht zu entschlüsseln. Dementsprechend zugeknöpft reagierte sie. Gesine aber verbiss sich geradezu in den Gedanken, Tanja müsse doch auch ihr Glück (oder was Gesine darunter verstand) finden. Unermüdlich hielt sie Ausschau nach passenden Männern. Manchmal versuchte sie sogar, welche einzuladen und da Tanja am Ort wohnte, lernte Tanja – widerwillig – auch einige dieser Kandidaten kennen und fand natürlich jeden einzelnen grässlich oder komisch oder banal. Immer neue Konstruktionen erfand Gesine, um Tanjas „eigentlichen" Geschmack zu treffen: ein jüngerer vielleicht? Oder nein, im Gegenteil, ein reifer älterer Mann, der Tanjas verborgene Anlehnungsbedürfnisse befriedigen könne? Denn dass Tanja solche hatte und nur vor sich selbst verbarg, davon war Gesine fest überzeugt. Vielleicht auch müsste Tanja ins Ausland gehen, vielleicht nach Skandinavien, da seien solch emanzipierte Frauen selbstverständlicher als in Deutschland … So sinnierte sie hin und her und langweilte ihre Freundinnen und ihren Ehemann mit diesen Überlegungen.

Eines Tages erklärte ihr eine sehr gute alte Freundin, dass sie nun den Namen Tanja in den nächsten Monaten auf keinen Fall mehr hören wolle und ob Gesine wirklich ihre Freundinnen verlieren möchte, nur weil sie sich in den Kopf gesetzt habe, Tanja glücklich zu machen und mit diesem Problem all ihre Freunde zu vergraulen. „Du verbaust dir jeden Zugang zu ihr; ich wundere mich, dass sie euch überhaupt noch besucht", war ihr Resümee. Gesine war zuerst sehr getroffen, auch beleidigt, aber diese Strafpredigt schlug doch Wurzeln. Gesine hielt sich zuerst einfach willentlich zurück, fragte keine anzüglichen Dinge mehr und erwähnte auch nicht beiläufig, dass diese oder jene geheiratet habe, dass dieser oder jener seine Jugendliebe verlassen habe und nun „frei" sei. Es war noch ein schwieriger Weg bis Gesine einsah, dass all dies nicht ihr Problem sein könne, dass Tanja nicht nach ihren Wertmaßstäben leben müsse und dass sie „loslassen" müsse – ein Wort, das sie immer gehasst hatte, weil es ihr als ein Synonym für Lieblosigkeit erschienen war.

Tanja lebt bis jetzt als Single und Gesine richtet sich damit ein. Sie schildert einen entscheidenden Schritt auf diesem Weg. So spektakulär er für ihren Seelenfrieden war, so wenig dramatisch nimmt er sich nach außen hin aus. Sie erzählte: „Ich war mit Ralf auf Rhodos in diesem wunderbaren Hotel, alles blühte und roch ganz fantastisch und ich schwamm im Pool, ganz alleine, der blaue Himmel gehörte nur mir, ein seltsamer Vogelgesang ebenfalls. Und während ich im Wasser, auf dem Rücken liegend, vor mich hin planschte, konnte ich spüren, wie schön ich gerade dieses Alleinsein empfand. Keine Verpflichtungen, kein Reden, keine Anstrengung. Und ich fühlte dabei, dass vielleicht ja auch Tanja viel öfters als ich ein solches Alleinsein braucht; dass man also ganz anders empfinden kann, als ich es normalerweise tue, dass Tanja mit einem Wort: ein *anderer* Mensch ist, der für sich selbst sorgen kann und dies übrigens auch tausendfach bewiesen hat. Da fiel die Bürde von mir ab. Dies war fast etwas wie eine Erleuchtung und übrigens eine ungeheure Erleichterung."

Dora: Wo bleibe ich dabei?

Doras Problem mit ihrem Sohn sieht wieder ein wenig anders aus und hat doch ähnliche Wurzeln: nämlich die Vorstellung, dass das Verhältnis unserer Kinder zu uns Eltern auf derselben Basis von Fürsorge und Interesse beruhen könnte wie umgekehrt. Unsere Kinder aber sind in einer ganz anderen Lebensphase, vielleicht gerade in einer, in der sie die Eltern gerade nicht so besonders nah brauchen können, in der sie mit Dingen beschäftigt sind, die mit uns Eltern gar nichts zu tun haben und die auch nicht mitteilbar sind. Das aber heißt, dass die Welt der Eltern zeitweise auch ganz uninteressant ist. Besteht trotzdem eine starke Bindung zwischen Eltern und Kindern (und das ist sehr oft eben doch der Fall), dann muss der Kontakt beileibe nicht abbrechen – er kann nur zeitweise recht dünn werden, ein wenig inhaltslos.

Dora beklagt immer wieder, dass ihr Sohn zwar brav und ordentlich anruft, auch Besuche macht oder sie und ihren Mann einlädt – aber was er am Telefon mit ihr spricht, das sei so langweilig und belanglos, dass sie sich davor eher fürchte, sich auch beleidigt fühlt. „Er degradiert mich zu solch einem Muttertier, mit dem man nur auf Kinderebene sprechen kann", beklagt sie sich und zählt die Themen des wöchentlichen Telefongesprächs (Michael wohnt weit weg) auf: der Zahnarztbesuch, die Untersuchung der Ehefrau durch die Gynäkologin, die Geburtstagsparty der Kleinen und die lästige Steuererklärung, die übrigens das Gespräch dann auch beendet hat, weil noch so viel zu tun sei. Dora berichtet, dass sie am Telefon immer wieder ein Gähnen hört, das sei so typisch für Michael, schon als Sechzehnjähriger sei das auf irgendwelche Strafpredigten des Vaters die Antwort gewesen. „Nie, nie erkundigt er sich, wie es mir eigentlich geht, wenn ich ihm nicht bestimmte Informationen fast aufdrängen würde, dann wüsste er nicht, dass unser Hund gestorben ist (Kommentar von Michael: ,Na ja, das gibt es eben bei alten Hunden!?'), dass wir neue Nachbarn bekommen haben (kein Kommentar), dass seine Schwester wieder Klavierunterricht nimmt (,Ah, ja …? Hat sie nichts zu tun?') und so weiter. Dass bei mir ein Brustkrebsverdacht bestand, hat er vergessen und nie mehr nachgefragt. Ich habe extra nichts mehr erwähnt. Irgendwie dachte ich, er möge doch um mein Leben bangen – aber er hat es vermutlich gar nicht wahrgenommen."

So könnten Doras Klagen noch lange weitergehen. Natürlich ist Michaels Verhalten nicht besonders liebevoll –, aber er ruft immerhin regelmäßig an, bei seinen vielen Vortragsreisen besucht er die Eltern, wenn er in ihrer Nähe ist, und Geburtstage vergisst er auch nicht. Er ist, so scheint es, einfach nicht integriert ins Leben der Eltern. Vermutlich – das kann man sich denken – macht Doras vorwurfsvolle Haltung dies nicht gerade besser.

Noch bleibt es bei Doras Klagen, obwohl ihr Mann hier immer wieder ein wenig den Vorhang wegzieht vor dem dunklen Kämmerchen von Doras Selbstmitleid. „Lass ihn doch sein eigenes Leben leben, da gibt es sicher vieles, was ihm noch Sorgen macht! Und uns geht es doch gar nicht schlecht, das weiß er doch … Wir sind einfach nicht mehr der Nabel der Welt für unsere Kinder, das muss man sich immer wieder sagen." Dora seufzt, sieht es ein und ist doch immer wieder von neuem enttäuscht, dass sie nun in Michaels Welt nur mehr eine Randfigur ist. Der sehr viel geduldigere Ehemann meint, das würde sich bestimmt ändern, wenn einer von ihnen stürbe oder schwer krank würde. „Muss ich also so lange warten", seufzt Dora dann, „wo ich ihn doch immer so lieb gehabt habe!"

Ja, auch asymmetrische Liebe muss man aushalten können. Dies gilt überall dort, wo Beziehungen zwischen Menschen von Liebe geprägt sind.

Freunde – alte und neue

Dass man im Alter einsamer wird, dass man gerade davor auch als alter Mensch Angst hat: das ist nicht ganz irrational, aber bei manchen Menschen wird diese Angst fast zu einer paranoiden Haltung.

„Ach, für die bin ich doch uninteressant", jammerte meine Großmutter, wenn wir sie einluden, sich doch auch für eine Weile zu uns Jungen zu setzen – alles junge Frauen zwischen zwanzig und fünfundzwanzig. Nein, sie war uns nicht uninteressant, weil sie eine liebe und nach alter Schule fürsorgliche alte Frau war, die uns wunderbare Bäckereien brachte und auch sehr schön aus ihrer Jugendzeit auf einem einsamen Gutshof erzählen konnte. Dort war ihr Vater Lehrer in einer Landwirtschaftsschule gewesen, was sie manchmal etwas schönfärberisch mit „Mein Vater war so etwas wie ein Professor" umschrieb. Diese so fremdartige Welt eines jungen Mädchens aus dem 19. Jahrhundert, als man noch seine Aussteuer zu sticken hatte, faszinierte uns. Alle meine Freunde fanden die Großmutter sehr sympathisch – bloß wäre es dann doch auch gut gewesen, wenn sie ein wenig eher gegangen wäre. Denn alle unsere Tratschgeschichten, unseren Liebeskummer oder das Gegenteil davon konnten wir ihr nicht erzählten und nach einer halben oder Dreiviertelstunde waren die Themen, die wir alle gemeinsam interessant fanden, dann doch erschöpft. Merkte Großmutter dann aber, dass das Gespräch erlahmte, sagte sie später traurig: „Ich bin halt schon eine langweilige alte Frau, mit mir könnt ihr ja doch nichts anfangen", und zog sich wieder in ihr Schneckenhaus zurück.

Ganz anders benahm sich Friedrich, der fünfundsiebzigjährige pensionierte Oberstudienrat. Saß er mit Neffen, Nichten und deren Freunden mal beisammen, dann dachte niemand mehr so schnell, dass er nun auch wieder Abschied nehmen sollte. Denn Friedrich war ein begnadeter „Frager". Ihn interessierte wirklich, was junge Menschen über Dinge dachten, die für seine Generation entweder selbstverständlich waren oder gar nicht zur Sprache kamen. Er wollte wissen, warum man Politiker in diesen Kreisen verachtete, wie man zu bestimmter Musik, die er nicht verstehen könne, einen Zugang finden kann, ob die neue Form des jahrelangen Zusammenlebens, bevor man sich zur Heirat entschloss, wirklich so viel besser sei und noch vieles andere mehr. Er hatte zu vielen dieser Fragen absolut keine feste Meinung oder zumindest war er offen für ganz andere Sichtweisen. Das spürten die Jüngeren und fanden, dass die Gespräche mit Friedrich wirklich interessant seien und sie immer auf neue Gedanken brachten. Friedrich aber merkte sehr genau, ab wann man „unter sich" sein wollte und verabschiedete sich dann in seiner ein wenig altmodisch-galanten Art von den jungen Damen und Herren.

Der Umgang mit jungen und älteren Freunden scheint also nicht ganz selbstverständlich. Viele Senioren sind stolz darauf, dass ihre Freunde jünger sind als sie selbst. Sie meinen ja auch sehr oft, dass sie noch viel jünger aussähen oder fühlten als ihre Geburtsurkunde verriete. Sie finden ihre alten Freunde oft verkalkt, unlebendig, uninteressant. Dass sie selbst so viel anders seien, das aber ist eine böse Selbsttäuschung. Manch einer würde sich wundern, was seine Freunde nach einem gemeinsamen Abend auf dem Heimweg einander erzählen.

Es gibt eine Trägheit des Alters, die sich im Zusammensein mit anderen schmerzlich bemerkbar macht. Ein mir bekannter amerikanischer Psychologe erzählte mir voll Entsetzen, wie er eine alte Freundin, mit der ihn viel verband, wieder getroffen habe. Sie wäre eher still gewesen und hätte ihm gesagt: „Isn't it nice – we know each other so well – there is no need to talk

a lot!" – „Wir kennen uns so gut, wir brauchen nicht viel miteinander zu reden", worauf er, ein sehr lebhafter Mann, empört
geantwortet habe: „But what are we going to do: just stare at
each other?" – „sollen wir uns nun einfach anstarren" – , wobei
er das „*stare*" lange und verächtlich dehnte.

Die Themen des Alters aber sind andere als die der Jugend,
weshalb der Verkehr nur mit jüngeren Menschen alte Menschen
um wichtige Erfahrungen bringen kann.

Natürlich wäre es ein wenig langweilig, wenn man unter alten Freunden nur Jugenderinnerungen auffrischen wollte – obwohl auch dies dazugehört. Interessanter ist es schon, wenn
man diese Erinnerungen nunmehr mit den Erfahrungen der
weiteren Jahre nochmals neu konnotiert: Wäre es wirklich unmöglich gewesen, den ersten Liebhaber zu heiraten? Was hätte
man dabei anders oder besser gemacht? Und warum hat man
das Studium sofort aufgegeben, als das Kind kam? Und diese
lange USA- Reise, zu der man die Dreijährige nicht mitgenom-
men hat (sie war ja bei der Großmutter so gut aufgehoben!) –
war das wirklich richtig so? Würde eine moderne Mutter das
auch machen? Und wie stand es mit dem Stillen? Dass man
die Sozietät nach dem Streit kampflos fahren ließ – war das
wiederum typisch für die Schwierigkeit, mit Konflikten umzugehen? Und so kann man, nicht trauernd, aber durchaus ernsthaft reflektierend, gemeinsam mit den Jugendfreunden sein Leben Revue passieren lassen. Und natürlich ist auch deren
Entwicklung interessant und man könnte in langen Frageketten
versuchen, die verschiedenen Motive auch der anderen herauszufinden. Es bedarf dazu allerdings einer echten Neugierde.
Dies ist sowieso das Geheimnis aller guten Kontakte: dass
man auf den anderen neugierig bleibt und nicht denkt, man
kenne ihn sowieso schon allzu gut. Manchmal tut es gut, alte
Freunde so zu betrachten, als lernte man sie erst neu kennen.
Die alten Muster müssen nicht immer wieder erneuert werden,

es kann auch zwischen alten Freunden ein neues Interesse entstehen – vor allem natürlich dann, wenn man sich lange nicht gesehen hat. Klassentreffen müssen nicht öde sein, wenn man sich die einstmals Verachteten oder die Bewunderten einmal genauer ansieht. Dass man dabei seine blauen Wunder erleben kann, ist bekanntlich Stoff schon für viele Erzählungen geworden. Sogar neue Verliebtheiten können entstehen, wenn man seine alten Freunde wieder trifft.

Die schöne Vertrautheit zwischen alten Freunden kann selbstverständlich auch damit etwas zu tun haben, dass man sich nun nicht immer ganz besonders bemühen muss, in Kontakt zu treten. Auch das – wie das Reden unter Geschwistern – ist schön. Gefährlich wird es nur, wenn, wie im obigen Beispiel, gar kein neuer Impuls mehr aufkommen will.

Die jüngeren Freunde aber sind nun wiederum unter ein wenig anderen Gesichtspunkten zu betrachten – und dabei sind wirklich Verständnis und Zurückhaltung der Älteren wichtig. „Simone und Louis sind wirklich ganz reizende Leute und ich glaube auch, dass sie mich mögen – aber es kränkt mich, dass immer ich es bin, der anrufen muss." Dieser Stoßseufzer eines älteren Herren um die siebzig gab mir zu denken. Auch ich kenne solche jüngere Bekannte. Ich überlegte: Diese Menschen sind noch immer mit ganz anderen Problemen des Lebens beschäftigt. Sie müssen oft ihr Leben aufbauen, sie haben Sorgen um ihre Existenz, um die Kinder. Mit einem Wort: Sie müssen oft noch sehr aktiv um ihren Platz in der Welt kämpfen. Also verlassen sie sich eher darauf, dass die Älteren (wenn sie denn überhaupt Wert legen auf den Kontakt) die Initiative ergreifen. Man sollte hier kein Bilanzdenken einführen: Wer hat wie oft angerufen, eingeladen, die Initiative ergriffen? Das ist falsches Denken und zerstört schöne Möglichkeiten.

Hanna: Ohne meinen Mann?

Hanna, nun schon einiges über siebzig, war eine typisch altmodische „Nur-Hausfrau", „Nur-Ehefrau", „Nur-Mutter". Hanna fand aber, dass sie, gegen alles Gerede von weiblicher Emanzipation und Abgrenzung von der Familie, eine befriedigende Lebensform gewählt habe. Ihren ursprünglichen Beruf, den sie nur kurz ausübte – Bibliothekarin –, hatte sie nie vermisst. Sie hatte ihre vier Kinder, wie sie fand, gut erzogen, hatte viel Freude an ihnen gehabt und war eine geradezu entzückte Großmutter. Auch ihr Mann hatte davon profitiert, wie beide übereinstimmend behaupteten, und so war alles in Ordnung mit ihrer Art, sich in der Welt einzurichten. Dazu gehörte auch ein großer und interessanter Freundeskreis. Hanna war eine gute Gastgeberin. Sie kochte hervorragend, (ein „Vier-Sterne-Lokal" hätte er daheim, sagte ihr Mann oft), sie konnte ihr Heim gemütlich und geschmackvoll einrichten und auch das hübsche Landhaus im Süden war schon oft der Treffpunkt guter Freunde gewesen. Hanna aber war nicht nur als Hausfrau eine gute Gastgeberin. Sie war – als ehemalige Bibliothekarin – eine gebildete Frau, die sich in jeder Art von Literatur gut auskannte, die gut zu erzählen wusste und sehr gesprächig war. Sie bekam direkt und indirekt viele Komplimente. Dazu kam in ihrer Jugend noch ein ganz besonders hübsches und interessantes Äußeres: eine dunkle Schönheit mit riesigen Augen und einer zierlichen Figur. Das alles machte sie auch für die Freunde anziehend, wenngleich sehr viele dieser Freunde sich erstmals nur im Zusammenhang mit dem sehr vielseitigen Arbeitsleben ihres Mannes gefunden hatten.

Natürlich hatte es im Laufe einer langen Ehe auch in Hannas Leben Tiefpunkte gegeben. Die schlimmste Erfahrung war die Untreue ihres Mannes gewesen, als sie um die fünfzig gewesen waren: Er hatte sich offenbar heftig verliebt und bat Hanna damals sogar um die Scheidung. Hanna war in jener Zeit abgemagert, hatte psychosomatische Beschwerden entwickelt und weinte halbe Nächte hindurch. Als sie in eine Trennung einwilligte – was hätte sie auch anderes tun sollen? –, schien es aber wie durch ein Wunder mit der Verliebtheit ihres Mannes vorbei; er konnte den Gedanken offenbar gar nicht ertragen, aus seinem behaglichen Leben herausgeworfen zu werden und zog einen Schlussstrich unter die Affäre.

Aber das war nun fast vergessene Vergangenheit. Hanna ging einem, wie sie glaubte, glücklichen Alter entgegen.

Mit dem Autounfall, der ihren Mann zum geistigen und körperlichen Krüppel machte, zerbrachen alle Pläne und Gemeinsamkeiten. Es war unmöglich, Arthur zu Hause zu behalten, er musste in einem Heim für Schwerstbehinderte versorgt werden und Hanna, nunmehr einundsiebzig, stand fast als Witwe da – eine Witwe, die täglich einen wie leblos wirkenden Körper besuchte. Zwar hatte sie ihre Kinder, aber sie war klug genug, deren Fürsorge nicht überstrapazieren zu wollen.

Und wo waren die Freunde? Hanna war klar: Ohne ihren Mann würde das alles aufhören! Keine intimen Abendessen zu viert oder zu sechst, keine großen Gesellschaften, keine Besuche im Ferienhaus – wer sollte schon Interesse an ihr haben? Es waren ja nicht wirklich ihre Freunde gewesen, so dachte sie. Ihre Kinder luden sie ein, wenn sie selbst Gäste hatten, Hanna half bei den Vorbereitungen – aber sie zog sich meist recht rasch zurück. Das waren nicht ihre Gesprächsthemen, das war nicht ihr Kreis.

Hanna wurde einsam. Lange Wochenenden, an denen das Telefonat mit den Kindern das einzig Erfreuliche war. Gespräche mit der Heimleiterin und den Pflegerinnen – trostlos.

Ihre Tochter führte einmal ein langes Gespräch mit Hanna: dass es eben doch nicht die beste Idee gewesen sei, nur im Schatten des Ehemannes zu leben, und sie möge sich doch nun ein Arbeitsfeld – vielleicht ehrenamtlich – suchen, damit sie neue Leute kennen lerne, sie hätte doch noch sehr viel Kraft und sei ziemlich gesund ... Sie empfahl sogar eine Psychotherapie: „Nur so ein paar Stunden, heutzutage therapiert man auch alte Leute, die haben da eigene Methoden, hab ich gelesen."

Nach diesem Gespräch fühlte Hanna sich noch elender als zuvor. Also war ihr Lebenskonzept doch nicht aufgegangen, die Kinder fanden also, sie sei zu wenig selbständig gewesen, man hätte also all den schönen Komplimenten zu runden Geburtstagen und Hochzeitstagen doch nicht trauen dürfen. Sie sollte sogar zum pathologischen Fall abgestempelt werden.

„Ehrenämter": Wie oft hatte sie sich mit Arthur darüber lustig gemacht, wenn alte Jungfern (und nur solche hatte sie offensichtlich wahrgenommen) sich um behinderte Katzen oder aussterbende Singvögel kümmerten.

Und ihr alter Beruf? Sie war natürlich viel zu alt, um wieder ins Berufsleben einzusteigen, abgesehen davon, dass sie die neuen Techniken mit Computer und Internet nur schlecht beherrschte. So für den Hausgebrauch hatte es gerade gereicht, aber größere Kenntnisse traute sie sich nicht zu. Und sollte sie, nur um irgendwelche Leute kennen zu lernen, eine Arbeit machen, die ihr nichts bedeutete?

Wo waren denn die alten Freunde? Hanna sortierte sorgfältig. Wie selten rief einer an. Wäre Arthur tot, dann hätte es wenigstens eine Beerdigung und Trauerfeier gegeben, aber dieses Elend mit dem lebendig Toten war den meisten Menschen allzu gruselig. Hanna wartete und wurde verbittert: „Wer einst Freund in schönen Tagen, flieht dich dann bei Niederlagen", dichtete sie einmal und gab dies als „alte Volksweisheit" aus, wenn sie mit ihren Kindern sprach.

„Ich alleine bin uninteressant", dachte sie oft und überlegte, wie es Arthur im umgekehrten Fall wohl ergangen wäre. Sie konnte es sich nur allzu gut vorstellen. Nicht nur Freunde hätte es gegeben, sondern ganz sicherlich auch eine neue Frau.

Eines Tages, als sie wieder einmal trübsinnig ins Heim gepilgert war, gewann sehr plötzlich ein anderes Gefühl die Oberhand. Sie stand vor Arthurs Bett, Arthur machte manchmal die Augen auf, aber die Ärzte hatten ihr versichert, dass dies kein Zeichen von Bewusstheit wäre, dass Arthur mit ziemlicher Sicherheit taub sei und nur auf primitivste Reize wie Wärme und Kälte oder Schmerz reagiere. Nun stand sie also wie schon hundert Male vorher da und hielt plötzlich eine, wie sie sich selbst später sagte, „pathetische" Rede: „Arthur, ich muss jetzt von dir Abschied nehmen. Es war meist schön mit dir, wir haben vieles gemeinsam erlebt und auch erlitten. Ich wäre gerne mit dir bis zum Ende gegangen – aber es geht eben nicht so, wie ich mir das vorgestellt habe. Ich werde jetzt neu anfangen. Dass ich so lange hier bei deinem Körper ausgeharrt habe, war schon zu viel, ich habe es getan, weil mir nichts Besseres einfiel. Es war aber dumm von mir. Ich bin jetzt zweiundsiebzig, aber ich bin gesund, ich bin noch nicht dement – auch für mich gibt es Möglichkeiten. Ich nehme jetzt unseren Ehering von deiner Hand und lege den meinigen dazu. Ich werde beide aufbewahren zum Zeichen, dass wir nun kein Paar mehr sein können. Wenn du tot bist, werde ich ihn an deine Hand stecken und an meine. Es wird dann ein Witwenring sein. Und jetzt gehe ich und suche die Reste unserer Freunde zusammen. Adieu, mein Arthur", und damit ging sie weinend aus dem Krankenzimmer.

Hanna ging an den Neuaufbau ihres Freundeskreises in strategischer Manier heran. Sie wollte einen Lesekreis aufbauen, da konnte sie ihre Fähigkeiten einsetzen und gleichzeitig neue Bande knüpfen, die nun ihre eigenen werden konnten.

Hanna fand unter ihren vielen alten Bekannten und Freunden begeisterte Zustimmung; ja, sich über neue Bücher informieren, selbst lesen, sie einordnen in die Literaturgeschichte – das gefiel! Nach dem ersten Treffen wurde allerdings klar, dass es sehr viel weniger Menschen gab, als sie gedacht hatte, die an

Literatur wirklich interessiert waren. Aber es blieb ein harter und guter, interessierter Kern: fünf Frauen und erstaunlicherweise auch zwei Männer. Hanna widmete diesem Projekt viel Zeit, sie bereitete die Lesungen sehr gut vor, sie las nun sehr viel gezielter als früher, holte Sekundärliteratur und erwarb sich verdienterweise den Ruf einer sehr klugen und gebildeten Frau. Lange Jahre blieb ihr Kreis stabil, erweiterte sich um die eine oder andere Person und gab ihrem Leben einen schönen neuen Inhalt. Natürlich wurde sie von ihren Freundinnen und Freunden (letztere hielten sich da eher zurück) auch eingeladen, nahm wieder ein wenig am gesellschaftlichen Leben teil und wurde in verschiedenen Kreisen immer wieder auf die Literatur angesprochen.

Als Arthur zwei Jahre später starb, folgten viele Menschen seinem Sarg. Hanna hatte ihr Versprechen gehalten. Sie trug wieder ihren Ehering und hatte auch Arthur den seinigen mitgegeben. An ihre Rede dachte sie oft zurück. Sie wusste, dass sie damals einen wichtigen Schritt getan hatte: Sie hatte sich selbst plötzlich in einem anderen Licht gesehen. Nicht mehr die gebeugte und vom Schicksal geschlagene Frau, sondern eine, die hinter dem Ehe- und Familienleben verborgen immer da gewesen war; eine, die noch lebte und froh sein konnte, dass sie so gesund und auch geistig frisch war. Das war eine ganz andere Hanna gewesen. Sie bedauerte ihren Lebensentwurf nicht oft (manchmal dachte sie, sie hätte sich vielleicht ein wenig selbstständiger einrichten sollen), es war eben gewesen, wie es gewesen war. Nun aber war es anders gekommen und solange sie lebte, wollte sie nun die „andere Hanna" sein.

Wolfgang: Man ist eben nichts mehr wert

Wolfgang hatte viele Geschäftsfreunde gehabt, eine weitverzweigte Familie und eine sehr lebhafte und sozial geschickte Ehefrau. Da sie kinderlos waren, hatten sie immer genügend Zeit gehabt, Freunde und Bekannte einzuladen, sich zu verabreden und auch mit anderen Paaren gemeinsam Ferien zu machen. Er war gerade in Pension gegangen, also fünfundsechzig, als seine Frau, mit der ihn immer ein recht kameradschaftliches Band verbunden hatte, an Krebs erkrankte. Dieser Krebs schritt ungewöhnlich schnell voran und statt ihren sechsundsechzigsten Geburtstag zu feiern, musste er sie zu Grabe tragen. Seine Trauer war groß und schmerzlich und er konnte sich die Verbindung mit einer anderen Frau auch noch lange nicht vorstellen. Zwei Jahre später gab er sich zwar einigermaßen getröstet, aber die Bemühungen einiger Bekannter, ihn wieder mit Frauen in Kontakt zu bringen, scheiterten. Wolfgang war im Begriff, ein Einzelgänger zu werden. Seinen kleinen Haushalt bekam er zwar ganz gut in den Griff, aber ansonst war sein Leben leer. Er merkte nun, wie sehr ihm Bettina, seine Frau, geholfen hatte, das soziale Leben zu organisieren. Manchmal meldeten sich alte Freunde, aber Wolfgang bemühte sich nicht so sehr um Kontakte und so blieben die Anrufe auch bald einmal aus. Er fand, dass die anderen sich mehr um ihn hätten bemühen müssen. Einige der früheren Freunde kränkten ihn zutiefst: Dass man ihn nicht fragte, ob er mit den Bridge-Freunden von früher verreisen wollte (was er zufällig erfuhr), bestärkte ihn in seiner Verbitterung. Er wurde frühzeitig alt.

Mit siebzig Jahren flog er an seinem Geburtstag nach Mallorca in ein Hotel, das er in einem Reisekatalog gefunden hatte. Es war ein kompletter Reinfall. Ein hässliches Ungetüm, das sich in eine Reihe von anderen Ungetümen, die sich den Strand entlang schlängelten, einreihte, ein nur allzu belebter Strand und alte Leute, nichts als alte Leute. Wolfgang hatte sich schon lange nicht mehr mit den Augen einer anderen Person gesehen und tat es auch jetzt nicht; er guckte sich auch im Spiegel nur flüchtig an, weil ihm das, was er notgedrungenerweise sah, nicht gefiel. Aber als wirklich „alt" hatte er sich noch nie gefühlt. Schließlich war er gesund, hatte kein Übergewicht und keine der typischen Altersbeschwerden. Was sollte er an diesem öden Ort tun? Passte er denn dort wirklich hin?

Manchmal wurde er im Hotel von allein stehenden Frauen oder auch von Paaren angesprochen: Ob er auch zur Musikveranstaltung gehen würde? Ob er zum Candle-Light-Dinner angemeldet sei? Oder zum Tanzabend? Wolfgang winkte jedes Mal ab. Das sei nichts für ihn. Auch hier blieb er alleine.

Eine recht aparte, wenngleich auch nicht mehr junge Dame, die offensichtlich alleine war (sie ähnelte äußerlich ein wenig seiner verstorbenen Frau), verwickelte ihn aber eines Tages am Strand doch in ein längeres Gespräch. Warum er sich immer abseits halte? Er wirke ziemlich depressiv ... Ob er das erste Mal alleine verreise? Wolfgang war nicht gewohnt, über sich und seine Motive viel zu reflektieren. Das Wort „depressiv" irritierte ihn aber und er wäre die indiskrete Fragerin gerne losgeworden. Aber die blieb hartnäckig, und im Laufe des Vormittags gefiel sie Wolfgang gar nicht schlecht. Dass sich jemand so um ihn bemühte – das war doch ganz angenehm. „Depressiv" sei er sicher nicht, er sei doch nicht verrückt, meinte er. Die unbekannte Dame (Melanie hieß sie, wie sich herausstellte, und natürlich musste auch Wolfgang seinen Namen sagen) korrigierte ihn. Das sei doch nicht gemeint gewesen, aber sie kenne das selbst. Auch sie habe zeitweise an Depressionen gelitten, damals, als ihr Mann starb.

Wolfgang fühlte sich fast gegen seinen Willen angerührt. „Depressiv" – konnte man das so nennen? Er verabredete sich mit Melanie (sie bestand darauf, dass man sich beim Vornamen nenne, Wolfgang fand dies merkwürdig) für den Abend. Man wollte in eine „Altendisco" gehen, das hatte Wolfgang noch nie gemacht und fand es auch ziemlich blöde – aber Melanie bat so inständig, dass er es nicht abschlagen mochte. Schon immer hätte sie wissen wollen, wie es da zugehe.

Die „Silver-Disco", wie sich das Lokal nannte, war abscheulich; das fand auch Melanie. Die „Sonne auf Capri" und „Ganz Paris träumt von der Liebe": Das war weder nach Wolfgangs noch nach Melanies Geschmack. Und die aufgesetzte Fröhlichkeit des DJ stimmte melancholisch. Also ging man in ein Weinlokal – und dort hellte sich die Stimmung der beiden rasch auf. Dort fand auch das Gespräch statt, von dem Wolfgang später sagen sollte, es habe sein Leben verändert. Melanie, die offensichtlich keine Indiskretion scheute, sagte ihm klipp und klar, wie er auf sie wirke: Er sei recht attraktiv (Wolfgang hörte dies natürlich nicht ungern), aber sein Gesprächsverhalten sei unmöglich (Wolfgang wollte das Gespräch schon in andere Bahnen lenken und dann bald nach Hause gehen). Er sei steif und trocken und wolle offensichtlich nichts von sich hergeben. „Geizig" sei er mit seinen Gefühlen, so drückte Melanie es aus, und das könne durch seine guten Manieren und sein distinguiertes Äußeres nicht aufgewogen werden.

Wolfgang wehrte sich. Er sei eben introvertiert, es dauere bei ihm länger und moderne „Psycho-Gespräche" seien ihm sowieso zuwider. Ob er wirklich so oberflächlich sei, fragte Melanie daraufhin. Eigentlich wirke er auf sie eben nur traurig, aber nicht seicht.

Wolfgang war wider Willen berührt. Plötzlich sah er sich mit Melanies Augen. Natürlich, es war eigentlich nicht ihre Sache, ihm ein Psychogramm zu geben, um das er nicht gebeten hatte – aber war es nicht trotzdem ganz gut, die Meinung einer Frau einzuholen? Wolfgang hatte mit seiner Frau Bettina nie solche Gespräche geführt, das hatte ihr mit ihrer eher burschikosen

Fröhlichkeit und ihrem Witz nicht gelegen. Wolfgang hatte dies auch nie vermisst. Nun aber fand er es ganz interessant, sich so gespiegelt zu sehen. Was war er also? Ein knöcherner, steifer Sonderling mit guten Manieren und gutem Aussehen? Er konnte sich auf einmal ganz gut vorstellen, wie andere ihn sehen mussten. Zu seinem eigenen Erstaunen erzählte er Melanie plötzlich, wie sehr ihn nach dem Tod seiner Frau alte Bekannte gekränkt hatten. Das verstand sie gut. Sie habe dies auch erlebt und sich gefragt, ob sie denn ohne ihren Mann nichts mehr bedeute? Sie habe sich irgendwann gesagt, dass sie eigentlich nichts zu verlieren habe, wenn sie selbst die Initiative öfters ergreife als die anderen. Sie habe auch „die Spreu vom Weizen sondern" wollen und dies sei ihr ganz gut gelungen. Sie habe jetzt wieder einige gute Freunde. Dieser Mallorca-Aufenthalt sei eine Art „Experiment": ob sie es auch ohne allen Anhang und ohne Freunde schaffe, mit anderen Menschen in Kontakt zu kommen. Und da habe sie sich eben ihn, den attraktiven Alleinreisenden, ausgeguckt. Dies alles sagte sie so offenherzig, dass Wolfgang lachen musste. „Aha, da bin ich sozusagen das Versuchskaninchen in Ihrem Experiment" meinte er, worauf sie strahlend sagte: „Ja, so ungefähr – aber eines, das man nicht danach schlachten möchte." Es stellte sich heraus, dass sie Biologin war und tatsächlich lange in einem Forschungslabor der pharmazeutischen Industrie gearbeitet hatte. „Nicht mit Kaninchen zwar, aber mit Hekatomben von Mäusen", wie sie erzählte.

Wolfgang wurde lockerer. Sollte dies der Beginn einer neuen Liebe sein?

Als sich herausstellte, dass beide aus derselben Stadt stammten, wurden sie recht fröhlich und beschwingt. Also konnte man ohne weiteres im Kontakt bleiben und hatte eine neue Bekanntschaft gemacht.

Wolfgang flog am nächsten Morgen recht fröhlich heim. Melanie wollte drei Tage später kommen. Es wurde keine „neue

Liebe", beide fühlten sich eher kameradschaftlich verbunden. Aber eine gute Freundschaft blieb es. Melanie sagte Wolfgang nach wie vor alles geradeheraus und Wolfgang fand schließlich, dass eine solche Korrektur ihm gut tat. Auch er konnte mit ihr sehr offen reden und ihr erklären, wie sehr er sich oft auch irritiert fühle von ihren indiskreten Reden.

Er war nach wie vor oft gekränkt durch die „Missachtung" seiner Freunde, wie er es nannte. Melanie aber, der er solches ohne Scheu anvertrauen konnte, tröstete ihn und gab ihm den Mut, solche Kränkungen nicht mit Gleichem zu vergelten und sich nicht dauernd beleidigt zurückzuziehen. „Auf eine solche Spirale solltest du dich gar nicht erst einlassen", meinte sie oft. Und Wolfgang dachte manchmal an das Bild von sich, das er in Mallorca mit Melanies Blick auf ihn gewonnen hatte: verknöchert, langweilig. Nein, diesem Bild wollte er nicht mehr entsprechen. Er wurde mitteilsamer – und dies blieb nicht ohne Wirkung. „Ich glaube, nun hast du deine Depression und Missmutigkeit wirklich überwunden", sagte ihm einer seiner alten Freunde. Dass dies auch Melanies Verdienst war, blieb Wolfgang nur allzu bewusst. Als diese sich nochmals mit einem Mann verbunden hatte, überwand er seine plötzlich wieder einsetzende Gekränktheit (ja, Melanie sollte seine Entdeckung bleiben!) und führte nun den Kontakt mit dem neuen Paar fort. Melanie blieb ihm bis ins hohe Alter verbunden.

Sexualität – unmöglich?

An diesem Punkt muss man einen klaren Trennungsstrich zwischen Männern und Frauen ziehen. Aktive Sexualität hat sehr oft für Männer mehr Bedeutung als für Frauen, aber wenn dies auch nicht so sein sollte: Frauen haben im Alter weitaus weniger Chancen, zu sexueller Erfüllung zu gelangen. Ich vermute, dass dies schon in der Steinzeit so war. Uralte Muster der Reproduktion scheinen sich da immer wieder gegen alle Kultur durchzusetzen. Natürlich geht es dabei nicht mehr ganz so streng zu wie in der Steinzeit. Frauen, die nicht mehr gebärfähig sind, können noch längere Zeit so attraktiv sein, dass ihr Sexualleben wenig Einbuße erfährt. Aber irgendwann öffnet sich die Schere: Der Sechzig-, Fünfundsechzig-, Siebzigjährige geht auf Brautschau und die ebenso alte Frau (obwohl sie vielleicht körperlich fitter und schöner ist) ist schon froh, wenn sie ein paar kümmerliche Komplimente bekommt. Würde eine Siebzigjährige mit eindeutig erotischen Absichten an einen gleich alten oder sogar jüngeren Mann herantreten, dann wäre dies nur selten mit Erfolg gekrönt. Die gegenteiligen Beispiele auf Männerseite braucht man erst gar nicht aufzuzählen.

„Was soll's?", so muss sich eine vernünftige Frau fragen. Noch so viel Feminismus hat hier kaum Abhilfe geschaffen. Davon kann jede Statistik berichten. Immer wieder gibt es einen behaupteten „Trend", dass nunmehr ältere Frauen jüngere Männer zum Partner nehmen. Dabei handelt es sich meist um irgendwelche aus den Medien bekannte Vorzeigefrauen (bildhübsch und durch einige kosmetische Tricks verjüngt), meist sind sie zwischen vierzig und fünfzig, aber sicher nicht fünfundsechzig, siebzig und fünfundsiebzig.

In der Literatur ist der ältere Mann, der Busen und Po der jungen Studentin (Sekretärin, Kollegin …) voll Begehren betrachtet und sie dann auch noch wirklich „bekommt", ein Dauerbrenner. Philip Roth, John Updike, Max Frisch und Martin Walser: Keiner konnte es sich und uns ersparen, seine geilen Altmännerfantasien in beredte Worte zu kleiden und ihre alternden Haupthelden im Bett einer jungen Schönen landen zu lassen. Haben diese alten Böcke kurz vor ihrem Lebensende wirklich nichts Besseres zu bedenken, als nochmals einen Skalp am Gürtel ihres faltigen Bauchs baumeln zu sehen? Mit Wehmut denkt man an den lebensweisen „Stechlin" von Fontane, den das Leben und die Welt zu solch abgeklärten Reflexionen bringen. Und seine Freude an der schönen und spritzigen Melusine, seine leichte Verliebtheit in sie bleiben so dezent im Hintergrund, dass man nur gerührt sein kann.

Der alte Dubslaw Stechlin ist und bleibt die Vorbildfigur für den gelassenen alten Mann, der Abschied nimmt. Wie selten aber findet man ihn in der Literatur, und in der Realität ist er so etwas wie ein weißer Wal.

Kontaktanzeigen, Internet-Räume: Wann suchen ältere Männer auch nur gleichaltrige Frauen? Meist finden sie sich schon emanzipiert, wenn die gesuchte Frau „nur" vier Jahre jünger sein muss. „Ach, weißt du", sagte mir ein Dreiundsiebzigjähriger, der über die Zeitung eine Kontaktanzeige aufgegeben hatte und eine Frau („bis fünfundsechzig") suchte. „Wenn eine siebzig ist, da kommt dann solch eine verbitterte alte Witwe daher …" Eigentlich, so gestand er, hätte er nur eine Frau bis fünfundfünfzig suchen wollen; dies hätte ihm dann eine alte Freundin ausgeredet.

Wie sieht dies alles für die ältere Frau aus? Ihre Chancen im Geschlechterspiel sind sehr viel geringer, wenn sie nicht verheiratet ist – und selbst dann … Viele klagen über das gänzliche Erlöschen der Sexualität in ihrer Beziehung, während ihre Männer auswärts sich nicht so sehr zurückhalten.

Es gibt viele mögliche Variationen des sexuellen Erlebens, auch dann, wenn die Potenz stark abgenommen hat und die Attraktivität des Körpers nicht mehr eine Quelle der Lust darstellt. Manche bevorzugen Viagra, aber es ist schwierig, dies zu raten, wenn man noch nicht alle gesundheitlichen Risiken kennt.

Aber auch ohne Viagra muss der Lustgewinn nicht schwinden. Ältere fantasiebegabte Paare, wenn sie einander mögen und Vertrauen zueinander haben, erfinden sich auch ohne höchste orgastische Lüste ein befriedigendes sexuelles Zusammensein. Streicheln, oraler Sex (für den Mann oft sehr wichtig), Stimulieren anderer erogener Körperregionen – das alles kann an sich schon befriedigend sein und für das Paar bedeuten: Wir sind auch noch im erotischen Sinn ein Paar, wir gehören zusammen. Das sind dann unter Umständen lange Perioden von „leichter Lust", der kein Orgasmus folgt, die aber trotzdem Genuss bereitet, wenn man nicht wie in der Jugend auf den Orgasmus losstürmt. Ein Orgasmus ist für alte Menschen oft leichter durch Selbstbefriedigung zu erlangen als in Feinabstimmung auf den anderen. Warum nicht diese „geheime Lust" freigeben an den Partner? Zusehen, mithelfen, sich an der Lust des anderen freuen: Auch dies ist Sexualität und hat beileibe nichts Peinliches an sich, wenn beide damit einverstanden sind. All dies verlangt Vertrauen, Neugierde und die Sicherheit, vom Partner verstanden zu werden.

Das alte Paar in sexueller Lust verbunden: Das ist keine gute Filmvorlage, höchstens eine, die lächerlich gemacht wird. Deshalb bedarf es zu solcher Sexualität einer Freiheit von Konventionen, einer Souveränität auch den eigenen unnötigen Schamgefühlen gegenüber. Manch ältere Frau wäre überrascht, wüsste sie, wie anziehend sie trotz ihrer Altersdefizite noch wirkt – aber sie gesteht es sich nicht zu. Und so haben wir Untersuchungen (Sydow), dass ältere Frauen sich zwar sehr oft Sexualität wünschen (nicht ganz so oft wie Männer), aber sehr viel seltener als Männer diese Wünsche zu realisieren wagen, weil sie sich schämen.

Klara und Georg: Ist schließlich nichts dabei ...

Klara und Georg sind seit fünfundvierzig Jahren verheiratet, sie war zum Zeitpunkt der Heirat fünfundzwanzig Jahre alt gewesen, er war damals neunundzwanzig; beide hatten kurz davor ihre Studien abgeschlossen gehabt und verdienten so viel, dass man bescheiden davon leben konnte. Als die beiden Kinder kamen, musste, wie es damals üblich war, natürlich Klara mit dem Beruf – sie war Kunsthistorikerin – kürzer treten. Ihre Arbeit im Museum beschränkte sich von da an auf eher kürzere Aufträge, später organisierte und leitete sie Führungen durch die sehr interessante, an Kunstwerken reiche Stadt. Die beiden waren und sind ein gutes Paar, wenn man es im Gesamten betrachtet. Nie gab es irgendwelche Gedanken an Trennung, man hatte harmoniert – mal mehr, mal weniger. Als die Kinder klein gewesen waren (sie kamen kurz hintereinander), gab es eine schwierige Zeit. Georg hatte immer schon viel Wert auf ein gutes sexuelles Leben gelegt – und Klara war, wie viele junge Mütter, einfach zu angestrengt und nervös, um die Wünsche ihres Mannes wirklich zu befriedigen, geschweige denn zu genießen. Damals gab es immer wieder Auseinandersetzungen, Georg hatte sogar einmal darauf „bestanden", dass Klara „ihre eheliche Pflicht" erfülle, worauf Klara für drei Wochen aus dem gemeinsamen Schlafzimmer ausgezogen war. Aber all dies war natürlich längst vergessen. Georg war noch immer sehr interessiert an einem guten sexuellen Kontakt – aber Klara stöhnte innerlich (und manchmal auch äußerlich) darüber. Sie hatte einfach keine Lust mehr, war am Abend müde und fand, dass man nun doch endlich mit „diesen Spielen" aufhören könne. Georg wurde mürrisch, wenn sie sich verweigerte. Sie tat dies nicht gerade oft, aber ihr Unwille war so deutlich zu spüren, dass auch ihm die Lust verging.

Klaras Freundin Mona, mit der sie derlei Probleme besprach, beneidete Klara. Ihr eigener Mann hatte schon vor fünfzehn Jahren aufgehört, mit ihr die Freuden der Sexualität zu genießen (weiß Gott, wo er sie sich herholte?), und Mona fand das beleidigend. Andrerseits aber: Er ließ mit sich nicht darüber reden. Also fand sie, dass Klara wirklich Glück habe mit einem noch immer sexuell aktiven Ehemann, der noch dazu sie, seine alte Ehefrau, wollte. „Gefällt er dir denn nicht mehr?", fragte sie ganz naiv. Nein, daran lag es sicher nicht: Klara hatte Georg immer attraktiv gefunden und sein Altmännergesicht drückte für sie noch ebenso viel inneres Leben aus wie eh und je. Mona riet zum „Schwindeln": „Sonst gerät er in die Falle einer anderen", meinte sie, „Männer haben da ja noch immer leichteres Spiel."

Nachdem sie Klara immer wieder in dieser Weise ins Gewissen redete, probierte diese das „Schwindeln" aus. Eigentlich ging dies gegen Klaras Natur: Sie verachtete solche Mittelchen, war immer ehrlich gewesen und hatte übrigens damit auch schon manches Problem verursacht. Aber so war sie nun mal, sollte sie sich nun, auf ihre alten Tage, noch ändern? „Ja," meinte Mona, „genau das: Aus Liebe zu Georg sollst du den gewohnten Weg verlassen und hinter dich treten. Was ist schon dabei? Keinem schadet es und du hast für einen Mann, den du liebst, etwas Gutes getan." Klara sah dies ein und gab sich einen Ruck. Ja, sie musste wirklich hinter sich treten und dies ganz bewusst inszenieren: Sie gab sich interessierter als sie war, stöhnte ein wenig, streichelte Georg und siehe da: Auf einmal spürte auch sie selbst ihre längst verkümmert geglaubte Lust. Georg, dem der Unterschied natürlich sofort auffiel, war entzückt und überhäufte sie mit Komplimenten. Und er äußerte einen Wunsch, den er nie zu äußern gewagt hatte: Klara möge sich doch einmal vor seinen Augen selbst befriedigen, das schwebe ihm schon so lange als besonders pikant vor. Und Klara tat auch dies bei nächster Gelegenheit – „Warum auch nicht?", so dachte sie. „Schließlich sind wir ein solch vertrautes Paar, was ist schon dabei?" Dem schönen gemeinsamen Leben der beiden setzte diese Erfahrung noch einmal in jedem Sinn des Wortes einen Höhepunkt auf.

Carmen und Herbert: War das ein Krampf!

Ja, das war es wirklich. Herbert wollte partout die sexuellen Leistungen seiner Jugendzeit erzwingen und konnte es doch nicht. Jedes Mal, wenn er „versagte", wie er meinte, war er böse auf sich selbst und die ganze Welt. Herbert und Carmen hatten erst in späteren Jahren geheiratet, beide nach einer recht unbefriedigenden Jugendehe, und waren auf ihr gutes Sexualleben immer stolz gewesen. Aber ab Mitte sechzig war es bergab gegangen mit Herberts Potenz. Viagra half zwar ganz gut, aber der Arzt war nicht einverstanden gewesen mit dieser Lösung, und so wollte auch Carmen davon nichts wissen. Was sollte man tun? Carmen bemühte sich mit manueller Stimulation, mit oraler Stimulation – mal mit, mal ohne Erfolg. Herbert schien nach jedem erfolglosen Versuch deprimiert und fürchtete, wie er angab, dass Carmen ihm untreu werden würde. Carmen kam das nicht in den Sinn. Nach einem jener verkrampften Versuche aber fing sie an, über diese verfahrene Situation nachzudenken. War ihr überhaupt so sehr viel daran gelegen? Hatten sie beide ihren Stolz auf das lebhafte Sexualleben nicht sowieso etwas übertrieben – in eine Zeit hinein, wo es zumindest ihr gar nicht mehr so wichtig war? Carmen fand übrigens auch Selbstbefriedigung nicht beschämend; und wenn sie die Zärtlichkeit ihres Mannes spürte, dann war sie oft sehr zufrieden, es musste nicht immer „funktionieren". Das alles besprach sie mit Herbert, der, wie sie wusste, von Selbstzweifeln und Scham erfüllt war. „Lass uns doch unsere Ehe auch einmal unter all den anderen, guten Aspekten betrachten, nicht nur unter dem von Orgasmushäufigkeit", meinte sie freundlich. Daran spann sich ein langes Gespräch, das recht erfreulich endete: Es gelang Carmen, die Fixierung Georgs, dass eine Ehe nur dann wirklich befriedigend sei, wenn sie auch sexuell stimme, zu lösen. Sie fühle sich wohl in seiner körperlichen Nähe, erklärte sie, und wenn er sie sexuell stimuliere ohne dass es bei ihm zu einem Orgasmus käme, dann sei ihr das auch recht; sie freue sich, wenn er selbst auch Lust hätte, aber das sei nun wirklich nicht immer nötig. Er solle sich bloß nicht „anstrengen". Dass Herberts Potenz dadurch wie auf ein Zauberwort viel besser geworden wäre, kann man nicht sagen – aber es wundert wohl keinen, dass sich von da an das Problem nie mehr in der alten Schärfe stellte.

Für Alleinstehende, vor allem für allein stehende ältere Frauen, ist all dies noch sehr viel schwieriger. „Ich liebe mich eben selbst", so umschrieb einmal die Teilnehmerin eines Workshops für ältere Frauen etwas verschämt die Befriedigung ihrer sexuellen Bedürfnisse. Und eine andere sagte lachend: „Na, der Vibrator gehört doch wohl in jeden Single-Haushalt", was die meisten anderen mit Staunen zur Kenntnis nahmen. Aber es geht ja nicht nur um den bloßen Akt der Befriedigung. Es ist die Zärtlichkeit, das Gestreicheltwerden, die körperliche Nähe und das Gefühl, man bedeute auch erotisch für den anderen noch etwas. Da hat die ältere Frau schlechte Karten und es gehört eine gute Portion an Humor und Selbstvertrauen dazu, an diesem Punkt nicht in Selbstmitleid zu verfallen. Frau muss wissen, wann das Spiel aus ist – und trotzdem gibt es natürlich auch im höheren

Alter ab und zu noch das Wunder einer späten Liebe. Darauf aber zu bauen oder gar zu starren: Das wäre fatal. Sexualität ist für die meisten Menschen etwas Wunderbares. Aber man kann es auch lassen – das haben schon sehr viele Männer und Frauen zustande gebracht und sind darob nicht in Trübsinn verfallen.

Ich armer kranker Mensch

Höheres Alter und mehr Krankheit – das gehört leider zusammen. Natürlich lässt sich einiges vorbeugen, wir kennen eigentlich alle die entsprechenden Rezepte: gesunde Mischkost, nicht zu fett, nicht zu viel, Bewegung, mäßiger Sport, eine gute Balance zwischen Arbeit und Entspannung, regelmäßige ärztliche Kontrolle und so weiter ... Viele Menschen befolgen solche Ratschläge auch mehr oder minder eifrig und tatsächlich ist der Gesundheitszustand vieler alter Menschen erstaunlich gut – vor allem Männer und Frauen aus einer aufgeklärten Mittelschicht sind gesünder als alte Menschen früher wohl je waren.

Trotzdem: Leichtere und schwerere Krankheiten kommen auf die meisten dann doch zu. Für bis dahin immer gesunde Menschen mit einem robusten Naturell ist es aber schon kränkend, wenn sie bemerken, dass sie „anfälliger" sind als früher. Ein wenig Zugwind, allzu leichte Kleidung im Winter, Überanstrengung bei der Wanderung – und plötzlich ist man schwer erkältet, bekommt Magenbeschwerden oder eine Angina. Früher steckte man das „weg" – und jetzt? Wunden heilen nicht gut, die Erkältung hält sich wochenlang und die Angina wurde so schlimm, dass der Arzt schon an eine Klinikeinweisung dachte. Das alles ist ärgerlich und meist will man es gar nicht als ein erstes Alterszeichen ansehen. Na, wenn schon – jeder kann mal erkältet sein.

Die Anzeichen können sich aber auch verstärken: Ein Sturz – und das Handgelenk ist gebrochen, ganz zu schweigen vom Oberschenkelhalsbruch, der nun wirklich sozusagen das „Markenzeichen" des Alters darstellt.

Leichter kann man noch den zu hohen Blutdruck nehmen,

es gibt viele Leidensgenossen und die Medikamente sind auch ohne erkennbare Nebenwirkung, wenn man die richtigen findet. Aber auch da wundert sich manch einer: Man hatte doch immer einen völlig normalen Blutdruck gehabt? „Ja, das ist eben das Alter", erklärt der Arzt und findet es in keiner Weise auffällig, wenn einer zwischen sechzig und siebzig ist und nicht mehr den Normaldruck hat. Und dass der Cholesteringehalt im Blut auch nicht ideal ist (obwohl man doch nicht fett isst), gehört dann wohl auch zu den Kennzeichen des Alters.

Es ist eine Kette möglicher Unannehmlichkeiten. Altersdiabetes zum Beispiel – auch nicht sehr schlimm, wenn man regelmäßig Tabletten nimmt oder Insulin spritzt. Alles zusammengenommen aber häufen sich auf dem Frühstückstisch die Tabletten.

Kann man/frau sich damit abfinden, ohne dass man sich verbraucht und alt fühlt?

Es bedarf einer recht gesunden Einstellung zum eigenen Körper und zur eigenen Vitalität, an diesem Punkt nicht unglücklich zu sein, nicht in Resignation und Selbstmitleid zu verfallen und trotzdem alles Vernünftige zu tun.

Irene: Ich gebe nicht auf

Irene war recht gesund und leistungsstark gewesen, hatte viel gearbeitet und gesund gelebt. In der Kriegs- und Nachkriegszeit, da war sie noch ein Kind bzw. eine Jugendliche gewesen, war es zwar oft karg zugegangen am häuslichen Mittagstisch, da war sie wohl allzu dünn gewesen, hatte Allergien entwickelt und wurde öfters krank. Als erwachsene Frau aber waren solche Schwächen überwunden und auch das Alter fand sie frisch und gesund. Sie galt im Freundeskreis als „ein biologisches Wunder" an Vitalität und Gesundheit.

Zwischen dem dreiundsiebzigsten und fünfundsiebzigsten Lebensjahr aber zog sich Irene dreimal einen Knochenbruch zu: Hand, Oberschenkelhals und einen Rückenwirbel. Irene, die nie wehleidig und jammerig war, fing beim letzten Bruch – das war der Oberschenkelhals – bitterlich zu weinen an. Ihre Tochter kannte die Mutter in solcher Verfassung gar nicht und war ernstlich besorgt um sie. „Jetzt bin ich alt", meinte Irene, „ein altes Weib mit einem Oberschenkelhalsbruch", solche und ähnliche bittere Sätze konnte man von ihr hören. Die Tochter tröstete, verwies auf einen Bruch in früheren Jahren, der darauf hindeutet, dass Irene vielleicht immer schon ein wenig fragile Knochen gehabt habe, schließlich war sie ja auch im Gesamten eine körperlich zarte Frau – aber Irene beharrte drauf, dass sie nun „zum alten Eisen" gehöre. Irene war wirklich unglücklich und spürte während des Klinkaufenthaltes nichts mehr von ihrer alten Couragiertheit. Eigentlich malte sie sich aus, dass sie nun im Rollstuhl enden würde, umhegt von der Tochter, mit der sie zusammenlebte und die ihr immer eine starke und fröhliche Gefährtin gewesen war. Der Gedanke an den Rollstuhl wurde nun ein immer wieder durchgekautes Thema. Die Tochter aber machte da nicht allzu lange mit: „Ich denke nicht daran, dich im Rollstuhl herumzufahren, du wirst verdammt noch mal deine Reha machen und gesund werden!", rief sie einmal empört. Und Irene verstand.

Irene überlegte während der Zeit in der Reha, die sie mit minutiöser Genauigkeit mitmachte, sehr viel. Nun gut, sie war ja schließlich alt. Aber hatte sie nicht geschworen, der einzigen Tochter nie mehr als nötig zur Last zu fallen? Der Tochter, die nach einer frühen Witwenschaft zu ihr gezogen war und seither ein zwar eigenständiges Leben, aber doch in gutem Einvernehmen mit der Mutter lebte? Wie stolz war sie immer gewesen, dass sie beide die üblichen Mutter-Tochter-Schwierigkeiten nicht absolvierten! Wie gerne hörte sie es, wenn die Tochter ihr berichtete, dass wieder irgendein Freund oder eine Freundin sich gewundert habe, wie gut doch diese zwei Generationen miteinander leben konnten, ohne einander lästig zu werden! Das durfte sich nicht ändern – Rollstuhl hin oder her.

Und natürlich wurde es auch nichts mit dem Rollstuhl. Irene lernte mit einem neuen Hüftgelenk gehen, überwand auch geduldig einige Komplikationen und war bald wieder die Alte. Oder doch nicht? Irene tat etwas Merkwürdiges. Die Tochter wunderte sich, aber sie wusste, dass ihre Mutter schon immer anders gewesen war als andere Mütter. Irene erklärte ihr nämlich, dass sie nun eine Psychotherapie machen würde. „Um Himmels willen warum denn?", rief die Tochter da aus, „du bist doch die psychisch stabilste Person, die ich kenne! Man macht doch eines Beinbruchs wegen keine Psychotherapie!"

Irene versuchte zu erklären: Sie habe sich überlegt, weshalb sie sich nun so oft etwas gebrochen habe. Ihrer Meinung nach liege das nicht einfach „am Alter", es liege, wie sie denke, vielmehr daran, dass sie bisher das Alter überhaupt nicht zur Kenntnis genommen habe. „Ich habe über alle drei Unfälle gründlichst nachgedacht: Jedes Mal war ich wie in jungen Jahren kopflos drauflosgerannt und habe erst im Fallen gemerkt, dass ich mich nicht mehr so gewandt abstützen kann. Ich glaube, ich kann lernen, mich altersgemäß zu bewegen, wenn ich das Alter wirklich in mich einlasse." Die Tochter war etwas skeptisch: „Soll das heißen, dass du dich dann nur mehr am Stock bewegen willst?" Aber Irene lachte nur: Das werde sie in einer Psychotherapie herausfinden.

Irene fand natürlich noch einiges mehr heraus. Es war gar nicht leicht gewesen, die Therapeutin davon zu überzeugen, dass diese Therapie wirklich notwendig sei, aber offensichtlich waren nach einem Jahr beide mit dem Ergebnis zufrieden. Längere Spaziergänge macht Irene nun mit ihren modischen „Nordic sticks", was ihr erlaubt, auch wieder längere Touren

mit Freunden zu machen. Sie ist sehr viel vorsichtiger geworden, wenn es steile Treppen oder Abhänge zu überwinden gilt,
und sie hat ein neues Verhältnis zu ihrem Körper gefunden.
„Ich muss ihn sorgfältiger beachten", sagt sie oft. Sie habe in
dieser Therapie, für die sie nicht dankbar genug sein könne, begriffen, dass sie einen alten Körper habe – auch wenn sie sich
noch nicht sehr alt fühle, weder im Erleben noch im Denken.
Ihre Krankheit habe ihr aber auch schon eine Vorahnung davon
gegeben, wie man sich fühle, wenn man gebrechlich sei – und
das sei gar nicht so schlimm gewesen, wie man denke. Die damit verbundene Ruhe habe sie eigentlich genießen können. Natürlich möchte sie nicht frühzeitig greisenhaft werden – aber
die Angst davor, die sie mit ihrer oft forcierten Jugendlichkeit
immer abgewehrt habe: Die sei nun verschwunden. Die vielen
Brüche hätten ihr dabei geholfen.

Natürlich mag es ein wenig überspannt wirken, wenn man
gleich eine Psychotherapie macht, um ganz normale Knochen-
brüche zu überwinden. Aber es scheint ja, als habe die vitale
und kräftige Irene mit ihrer Therapie noch ganz andere Dinge
zuwege gebracht: Sie hat sich nochmals sehr kritisch betrachtet
und sich vom Image der Vitalität ein wenig distanziert. Ihr war
klar geworden, dass das Gerede der Freunde von ihrer „ewigen
Jugend" nun nicht mehr galt. So nett sich das auch anhören
mochte: Es stimmte nicht mehr und sie merkte, dass sie sich
das Leben schwer machte, wenn sie diesem Image immer
noch entsprechen wollte. Irene hatte durch ihre Therapie einen
sehr bewussten Schritt ins Alter hinein getan. Ihre Krankheiten
hatten ihr den Weg gewiesen.

Jochen: Damit kann ich nicht leben

Jochen war vital und sportlich gewesen, er sah jugendlich und gut aus und wurde von Familie und Freunden immer bewundert. Jochen war als Techniker in der Computerbrache tätig gewesen, einer der ersten übrigens, und auch ohne Informatik-Studium war es ihm gelungen, in der Firma eine ziemlich steile Karriereleiter zu erklimmen. Er galt dort fast als Genie. Er war ein Pionier, hatte einige Erfindungen für die Firma gemacht und bei seinem Ausscheiden gab es ein ehrlich gemeintes wehmutsvolles Fest mit vielen bewundernden Reden.

Jochen fürchtete sich nicht vor der Pensionierung. Er hatte viele Interessen, er freute sich auf ausgedehnte Bergtouren mit seiner Frau und vielleicht auch mit dem ältesten Sohn. Den Langlauf in Schweden konnte er jetzt auch ausdehnen, so lange er wollte. Das Herumprobieren am Computer erregte ihn noch immer, und so war er natürlich ein äußerst beliebter Freund bei all seinen Altersgenossen, die dauernd Probleme mit diesen widerspenstigen Maschinen hatten. Natürlich brachte er alle wieder zum Funktionieren, gab sogar im Bekanntenkreis kleine Kurse und fand das Leben ohne täglich vorgeschriebenes Arbeitspensum recht vergnüglich. Seine Frau, eine ehemalige Ergotherapeutin, war ebenfalls frei von beruflichen Verpflichtungen, und so konnte das Paar recht angenehme Zeiten verbringen.

Als Jochen sechsundsiebzig war, schlug das Schicksal zu: ein Schlaganfall. Alle waren entsetzt, auch der Hausarzt. Jochen, der schlanke, sportliche Nichtraucher – ein Schlaganfall? Das passte ganz und gar nicht und war kaum zu glauben. Leider war es aber wahr. Gott sei Dank hatte der Rettungswagen auf der Ehefrau rasches Handeln hin den Kranken sofort in die Klinik gebracht, so dass nicht allzu viel Zeit verloren gegangen war. Als Jochens Zustand sich nach Reha und Sanatoriumsaufenthalten stabilisierte, konnte man allerdings das ganze Ausmaß des Unglücks nicht mehr bezweifeln. Sehr große Hoffnung auf wesentliche Verbesserungen gab es nicht mehr. Jochen konnte zwar wieder sprechen – ziemlich unversehrt von einem kaum bemerkbaren Lispeln abgesehen –, aber die rechte Körperseite war ganz und gar eingeschränkt. Jochen konnte sich nur mühsam hochziehen und anhand einer Gehhilfe langsam und ungeschickt fortbewegen. Jochen war aber auch psychisch ein anderer geworden: wortkarg, menschenscheu, verbittert. Er wollte seine alten Freunde nicht sehen, er verkroch sich am liebsten im Wohnzimmer mit seinen Computer-Fachbüchern und Zeitschriften, er wollte nicht mehr auswärts essen gehen – sonst ein großes Vergnügen für Jochen – und gegen Kinobesuche sträubte er sich vehement. Seine Frau Lore war trotz allem eine ungemein große Hilfe. Sie kannte diese Art von Patienten, sie hatte die richtigen Griffe, um ihm zu helfen und vor allem: Sie war unverzagt, zumindest nach außen hin. Freundinnen gegenüber war sie nicht ganz so fröhlich. Sie wusste, was alles noch auf sie zukommen könne, sie ärgerte sich über Jochens verbitterte Resignation und hatte doch unendliches Mitleid mit ihm. Aber – und das sagte sie nach einem Jahr sehr dezidiert zu ihrer Freundin – sie wollte nun nicht so leben müssen, als sei sie auch vom Schlaganfall betroffen. Gerne würde sie Jochen beistehen, aber auf alles verzichten wolle sie nicht.

Jochen wurde ungeduldig, er fand jeden Tag aufs Neue, dass das Schicksal ihn ganz besonders grausam behandle, er rief x-mal am Tag, wenn ihm die rechte Hand nicht gehorchen wollte: „Man sollte so nicht leben müssen" oder „Wenn ich nur schon tot wäre" und ähnlich aufbauende Sprüche. Lore wurde trotz aller Tapferkeit immer stiller. Ganz schlimm wurde es für sie, als Jochen anfing, Dauerpräsenz zu verlangen: „Schließlich kann ja ein neuer Schlaganfall kommen!"

Weder Sohn noch Tochter waren in der Lage, einen großen Teil der Pflege zu übernehmen, trotz guten Willens.

Lore wurde wütend, wenn Jochens Aussprüche immer bitterer wurden. Sie merkte, dass ihre eigene Gesundheit in Gefahr war: kleine Erkältungen, die schlecht abklangen, eine Muskelzerrung, die sie sich beim Heben von Jochens Rollstuhl zugezogen hatte, dauernde Gliederschmerzen. Lore war medizinisch gut genug ausgebildet um zu wissen, dass alle diese kleinen gesundheitlichen Einschränkungen sehr viel zu tun hatten mit ihrem inneren Groll.

Eines Tages hielt sie das stille Duldertum nicht mehr aus, da half auch ihr noch immer schwelendes Mitleid nicht. Als Jochen wieder einmal klagte, dass ihn das Leben nicht mehr freue, und wenn er nur schon gleich „hops gegangen" wäre, fing sie an zu schreien: „Was meinst du, wie sehr sich mein Leben seither verändert hat? Ich weiß gar nicht, wer mehr leidet. Glaube nur ja nicht, dass ich mich wohl fühle in dieser Situation. Aber eines kannst du mir glauben: Ich bin nicht mehr bereit, zu unserem unwiderruflichen Leid, das durch deine Krankheit gekommen ist, noch etwas durch Isolation und Verbitterung zuzulegen. Es ist, wie es ist, und ich bin gerne bereit, das Leid mit dir zu tragen. Aber nur das, was notwendig ist – nicht das, was du durch deine Unfähigkeit, behindert zu sein, uns beiden noch zufügst. Ich werde immer für dich da sein, aber ich werde mir ein eigenes Leben aufbauen, wenn du dich auf Rückzug einstellst. Ich will wieder Freunde einladen, ich will ins Kino gehen und in unsere Lieblingsrestaurants gehe ich demnächst auch wieder. Es wird mich immer freuen, wenn du mitkommst, die Mühe, die das macht, ist mir ganz bestimmt nicht zu viel. Du machst mir nicht durch deine körperliche Krankheit Kummer, sondern durch deine schlechte Art, damit umzugehen."

Jochen verstummte, wusste nichts zu sagen als: „Du hast ja Recht, aber ich kann nicht anders ..." Lore aber ging mit so viel Schwung an ein „neues Leben" wie sie es nannte, dass Jochen mitgerissen wurde. Er traf alte Freunde. Sie waren mitleidig, aber sie verachteten ihn nicht, wie er immer gedacht hatte. Er schien noch kein Fall, den man nicht ernst nahm. Noch immer wurde er bei Computer-Problemen gefragt, und wenn er auch nicht mehr selbstständig kleinere Reparaturen machen konnte, so gab er doch Rat, wusste meist, woran es lag und erwies sich nach wie vor als hilfreich.

Jochen hatte durch Lores Strafpredigt plötzlich begriffen, dass dieses Unglück nicht ihn allein betraf, sondern ebenso seine Partnerin. Selbstmitleid war dabei eigentlich nicht angebracht. Natürlich konnte man traurig sein über diesen Kummer, aber man konnte schließlich gemeinsam traurig sein und einander dabei helfen. Jochen war ganz benommen, als ihm dies einfiel: Er müsse auch Lore helfen, nicht nur umgekehrt. Er war ebenso verantwortlich für ihr gemeinsames Leben wie Lore. Bisher war das alles leicht gewesen, sie waren von schlimmen Schicksalsschlägen verschont geblieben. Jetzt aber, so wurde ihm klar, musste man in anderen Maßeinheiten rechnen. Das „gute Leben", das ihnen geschenkt worden war, war vorbei. Nun gab es ein schwereres Leben – aber wer sagte wirklich, dass dies nur unglücklich und verzweifelt sein müsste? Man konnte doch auch daraus etwas machen. Und schon fingen Jochens Gedanken an zu kreisen: Wie könnte man einen Ferienaufenthalt in den Alpen planen? Allzu gerne hätte er wenigstens die Berge wieder gesehen. Und vielleicht gäbe es ja auch Gelegenheit, mit Gondeln und Liften hinaufzufahren? Lore konnte solche Dinge meist wunderbar managen. Und ob man nicht einen Zivi stundenweise bekommen könnte, der Lore das mühsame Heben und Tragen abnehmen könnte? So kreisten seine Gedanken immer weiter: Kino, Theater – na klar, das war gar nicht schwierig. Und Sonntagsausflüge wären sicher auch zu organisieren, wenn man Freunde dazubäte. Als Jochen Lore einbezog in seine Überlegungen, blühte diese auf. Ja, sie war gerne bereit, sich auch alle Möglichkeiten durch den Kopf gehen zu lassen. Die beiden fanden in ihren Gesprächen ein solch wunderbares Gefühl von Gemeinsamkeit, wie sie es seit vielen Jahren nicht mehr gehabt hatten. Sie organisierten ein möglichst abwechslungsreiches Leben rund um Jochens Rollstuhl. Jochen lernte sehr gut, damit umzugehen, man fand eine rollstuhlgerechte Wohnung und Jochen gewöhnte sich an, die Küche immer mehr als sein Revier anzusehen. Alles war so eingerichtet, dass er mit nur geringer Hilfe kochen konnte – ein neuentdecktes Hobby! Jochen lebte noch einige Jahre in diesem selbst gestalteten neuen Leben. Der nächste Schlaganfall, da war er zweiundachtzig, war ihm gnädig. Jochen wachte nicht mehr auf. Lores Gedanken an ihn aber sind voll Liebe und Bewunderung.

Im hohen Alter – Einsamkeit?

Auch sehr gesellige Menschen oder solche mit großen Familien kämpfen, wenn sie ein hohes Alter erreichen, mit dem Problem drohender Einsamkeit. „Einsamkeit, Langeweile und Alter gehören zusammen", sagte ein ansonsten recht guter Sohn zu seiner uralten jammernden Mutter, als sie wieder einmal darüber klagte, dass sie so selten besucht würde. Alte Freunde sind tot, Partner oft ebenfalls schon gestorben (das gilt der höheren Lebenserwartung wegen vor allem für Frauen!) und diejenigen Freunde, die noch einiges jünger sind, scheuen schon das Ausgehen.

Es gibt kein Patentrezept für dieses Lebensalter und es gibt keinen wirklichen Trost, wenn sich einer einsam fühlt. Denn erschwerend kommt oft noch hinzu, dass verschiedener Defizite wegen auch das lange Lesen schwer fällt und das Fernsehen ebenfalls Mühe macht. Wird man dann auch noch schwerhörig, wird es ganz schwierig. Der gute Ratschlag, man hätte sich schon frühzeitig an den Hörapparat gewöhnen sollen, hilft nun auch nichts mehr. (Für die jüngeren unter den alten Menschen: Dieser Ratschlag ist äußerst vernünftig!) Was also tun?

Die Natur bietet uns ein wenig Hilfe: Die Zeit vergeht anders, wenn man sehr alt ist. Alle Lebensvorgänge brauchen ihre längere Zeit und so ist ein Vormittag schnell herum, wenn ein alter Mensch sein Frühstück zubereitet oder das Bett macht – sofern er das noch kann. Aber auch das Warten ist meist nicht mehr mit solch peinigender Ungeduld verbunden, weil die Zeit anders verläuft.

Musik, der Aufenthalt in der Natur: Das alles kann den Tag natürlich auf eine sehr schöne Weise füllen. All dies aber wird nichts nützen, wenn man sich nicht schon in früheren Jahren mit dem Alleinsein befasst hat. Denn dies scheint die letzte Prüfung – für manche die schwerste –: dass man von vielen Menschen verlassen wurde, dass Tod und Krankheit auch die anderen trifft und viele uralte Menschen daher das Gefühl bekommen, sie seien überflüssig und eigentlich sollten sie schon lange tot sein. Wie gut, wenn ein Familienverband dann noch funktioniert und vielleicht sogar über die Zwei-Kind-Familie hinausreicht!

Auch wenn man erst an der Schwelle des Alters steht: Es ist sinnvoll, sich das Uralten-Szenario lebhaft vor Augen zu führen und nicht zu verdrängen. Nicht nur die Vorsorge (Hörapparat, Aussuchen eines guten Heims, Pflege von „besinnlichen" Hobbys etc.) ist wichtig. Es ist vielmehr das Bedenken und Erleben der Tatsache, dass menschliches Leben unter anderen Gesichtspunkten gesehen werden kann als das der übrigen Lebewesen. Uralte Menschen sind nicht „nützlich", im Gegenteil! Dass dies nicht der einzige Gesichtspunkt ist, unter dem man sie sehen kann, leuchtet zwar jedem ein, aber wenn man genauer nachfragt, welcher Gesichtspunkt es denn eigentlich sein könnte, dann fällt die Argumentation vielen schwer.

Eigentlich gibt es, meiner Meinung nach, nur einen einzigen Grund, uralten Menschen ein lebenswertes Leben zu sichern, und dieser Grund steht beileibe nicht auf sicheren Füßen – weshalb auch in vielen Kulturen alte Menschen schlecht behandelt oder sogar, wenn Mangel herrscht, getötet werden.

Der letzte Grund aber besteht darin, dass möglicherweise Menschen, die in so vielen Belangen in herausragender Weise vor den anderen Lebewesen ausgezeichnet sind, auch in besonderer Form eingebaut sind in einen sinnvollen Weltenplan, den wir nicht stören dürfen. (Aus demselben Grund pflegen wir auch schwerst behinderte Menschen.) Oft brauchen wir für unsere alten Angehörigen solche Überlegungen nicht: Die Erinnerung an das, was sie einmal für uns getan haben, die Gefühle, die wir für sie haben, sprechen eine eigene Sprache und brauchen nicht begründet zu werden. Aber nicht für alle uralten Menschen gilt dies. Manche werden nicht mehr geliebt und geben niemandem mehr auch nur den Funken einer Erinnerung an schöne alte Zeiten. Und mancher Mensch im hohen Alter empfindet dies auch als so schmerzlich, dass er sich sehnlichst den Tod wünscht oder sich ihn sogar selbst gibt. Auch dies ist natürlich zu respektieren.

Und trotz alledem, gegen alle vernünftigen Nützlichkeitsüberlegungen: Vielleicht gibt es ja tatsächlich einen größeren Plan, der uns Menschen umfasst und der jeden Einzelnen zu seiner Erfüllung „braucht" – egal wie nützlich ein Mensch von unserer kleinen Warte aus sein mag.

Beschäftigt sich ein alter Mensch mit diesen Überlegungen, dann kann auch die nagende Ungewissheit, das schlechte Gewissen, „dass man überhaupt noch da ist", gelindert werden. Dann kann aber auch das Nachlassen aller früher als wertvoll betrachteten Qualitäten (und dazu gehört auch die Beliebtheit bei anderen Menschen) nicht nur als notwendig, sondern auch als sinnvoll erlebt werden. Das ist für viele Menschen sicher sehr schwer und es wäre pure Arroganz, wollte man als noch gesunder und im Leben stehender Mensch dies „fordern". Es ist bestimmt nur ganz wenigen möglich, zu dieser Haltung zu kommen. Aber es kann eine Leitlinie werden, eine, die man immer wieder verfehlt und immer einmal wieder erreicht – wie so vieles im menschlichen Leben, das ja generell unter dem Gesetz der Unvollkommenheit steht. „Bedenke die menschliche Unzulänglichkeit", hat ein weiser alter Herr mir immer gesagt, wenn ich über irgendwelche eingebildeten oder wirklichen Bosheiten, Untreue oder Lügenhaftigkeiten klagte, die mir begegnet waren.

Die menschliche Unzulänglichkeit macht auch und gerade vor dem Alter nicht Halt. Wir werden, sofern wir sehr alt werden, ein einsames Leben haben; wir werden dies oft verfluchen und wir werden – wenn wir uns vorsehen – auch daraus Gewinn ziehen können.

Ist da noch etwas anderes? –
Die Frage nach der Transzendenz

Eigentlich müssten die Kirchen dem Fundamentalismus aller Schattierungen dankbar sein. Welche Religion auch immer sich in verbohrter und unhinterfragter Weise auf biblische oder andere göttliche Quellen beruft und die Schöpfungsgeschichte ernsthaft als eine Abfolge von sieben Tagen ansieht oder davon ausgeht, dass die Seele nach dem Tod in einen himmlische Paradiesgarten entschwebt, wo die berühmten siebenundsiebzig Jungfrauen warten: Diese Abstrusitäten haben viele Menschen, die sich sonst nie mehr mit Religion auseinander gesetzt haben, nachdenklich gemacht. Diese Art von Religion empfinden sie als lächerlich und entdecken oft mit Genugtuung, dass ihre eigene westliche Kirche (katholisch, evangelisch oder auch jüdisch) ihnen solchen Glauben schon lange nicht mehr zugemutet hat. Sie entdecken also, dass unsere westlichen Religionen vom Feuer der Aufklärung geläutert wurden und dies entspricht unserem wohl gehüteten Vernunftdenken.

Überschreitet man die Siebzig und hat man schon liebe Freunde und Angehörige verloren, dann wird ein nur vernünftig-kritisches Denken irgendwie durchlöchert. Nicht dass es nun irgendwelche großartigen „Bekehrungen" gäbe! Aber die Frage, was denn wohl alles „nachher" komme, drängt sich auf. Der alte Kinderglaube von Himmel und Hölle kann es wohl nicht mehr sein, der uns tröstet. Man greift zu sehr viel vageren Konstruktionen: „Der Geist bleibt erhalten", „Irgendwie bleiben wir im All", „Wir sind dann aufgehoben in etwas Größerem", so oder ähnlich lauten die Aussagen. Nur sehr gläubige Menschen können klipp und klar sagen: „Ich glaube an das Jüngste Gericht und dass dort Gerechte und Ungerechte geschieden werden. Und ich hoffe, dass ich in die ewige Seligkeit eingehe und Gott schaue." Aber solche Aussagen sind selten.

Es überwiegt das Achselzucken. „Hoffentlich …" Aber viele sagen auch resigniert: „Es wird wohl nichts sein …"

Das Thema aber schleicht sich ein, meist ohne dass wir es so benennen. Es kommt im Gewand des alten und brüchigen „Und was jetzt …?", und manch einer merkt, dass es ihn nicht befriedigt, die religiösen Riten seiner Kindheit ganz ausgeschlossen zu haben aus seinem Leben.

Transzendenz? Nein, das dann doch nicht. Man ist lange Zeit ohne einen Gedanken an etwas „Höheres" ausgekommen, wobei dieses „Höhere" noch immer einen weißen Bart trug. Es gibt aber ältere Menschen, die nun lieber als früher ab und zu einen Gottesdienst besuchen. Die Erinnerung an die Behaglichkeit des Kindergottesdienstes umfängt sie. Natürlich werden dies Menschen sein, deren religiöse Kindheit nicht von Angst durchdrungen war. Solche kann man nur mit Drohungen in eine Kirche bringen, etwa wenn die Kinder der besten Freunde heiraten. („Ich habe mir geschworen, nie mehr Pfaffen in mein Leben reinzulassen.") War die religiöse Bildung in der Kindheit umgeben von Traulichkeit und Gotteszuversicht, dann können im stillen Kirchenraum diese Gefühle wieder auftauchen. Auch die Musik stimmt dazu und lässt die alte Geborgenheit wieder aufsteigen. Hat das schon etwas mit Transzendenz zu tun, mit Spiritualität? C. G. Jung definiert Religion sehr weit (heute würden wir dazu sicher „Spiritualität" sagen): Es ist, so sagt er, eine Einstellung der Psyche, die eine vorsichtige Betrachtung gewisser Mächte ermöglicht (das können zum Beispiel sein: Geister, Götter, Gesetze, Ideale). Es beeindruckt einen Menschen so, dass er sich zur Ehrfurcht oder Liebe bewegt fühlt. In diesem Zusammenhang führt er auch das schwierige und vieldeutige Wort „Numinosum" ein, worunter er zum Beispiel das „Gottesbild im Menschen" versteht oder, abstrakter, „eine dynamische Existenz oder Wirkung, die nicht von einem Willensakt verursacht wird." Auch mit „Zu-sich-selbst-Kommen" wird es bezeichnet.

All dies ist zwar von einer klaren Begrifflichkeit weit entfernt, aber gerade in seiner Diffusität ist es für viele Menschen als Gefühl, als eine vage Anmutung, verständlich. Ja, kann man sich sagen: Das kenne ich – manchmal passiert es: Auf einmal wird alles ein wenig anders, ich kann mich vom Alltag distanzieren, ich kann Sorgen vergessen und fühle mich ganz bei mir selbst. Das kann man – leider – nicht willkürlich herbeizaubern, aber man kann solchen Erlebnissen den Boden bereiten: durch die Stille einer Kirche oder eines schönen Ortes in der Natur oder durch Meditation.

Der Soziologe Peter L. Berger gibt eine Reihe von Beispielen, in welcher Weise er religiöses Erleben als zutiefst menschlich begründet ansieht. Dabei geht es nicht um Religion in der herkömmlichen Form, sondern um das Bedürfnis des Menschen nach Trost und Hoffnung, nach Beruhigung und Geborgenheit. Er begreift Transzendenz genau als das, was das Wort sagt, nämlich: „darüber hinausgehen" – und das nicht in einem metaphysischen Sinn, sondern als das Überschreiten gewisser Grenzen, die unserer banalen Alltäglichkeit gesetzt sind.

Spiel und Meditation, Kunst und Liebe – all dies gehört dazu, und es gehört nicht nur bei alten Menschen dazu.

Und natürlich sind viele Menschen in ihren höheren Jahren genauso weit davon entfernt wie in ihren jungen. Aber es gibt im Leben alter Menschen manchmal einen Sprung; dieser Sprung kann ein plötzlicher sein wie der Sprung, der entsteht, wenn man eine Tasse fallen lässt und sie klirrend zerspringt. Es gibt aber auch die langsame Ausbreitung eines kleinen, fadendünnen Spaltes, der sich allmählich ausweitet – bis er nicht mehr zu übersehen ist. Und dann kann dieser Sprung manchmal sogar in des Wortes doppeltem Sinn ein „Sprung" werden, zu dem man ansetzt und sein Leben ändert oder neu bewertet. Genau dies kann man als ein „Transzendieren" bezeichnen. Das Alter hat bessere Chancen in dieser Beziehung als die Jugend. Nicht ohne Grund wird in vormodernen Gesellschaften den Alten ein solches Transzendieren abverlangt: Sie müssen sich um die Ahnen oder die Götter kümmern, sich um die Verbindung des Stammes mit ihnen besorgt zeigen und alte Rituale ausführen. Sie haben dazu Zeit, so denkt man, sie sind entlastet vom mühseligen Alltagsgeschäft des Kinderkriegens und -aufziehens und der Berufsarbeit.

All dies gilt mit Abweichungen auch für unsere Gesellschaft: Alte Menschen haben mehr Zeit und wenn sie nicht in dummer Nachahmung ihrer eigenen jüngeren Jahre die Zeit mit allem Kram der früheren Zeit vollstopfen, dann sollten sie diese Zeit vielleicht auch mit mehr Nachdenklichkeit ausfüllen. Die ewige Rede von Rentnern, man habe nun weniger Zeit als vorher, erscheint mir eher oberflächlich denn als Zeichen ihrer Vitalität.

Wann, wenn nicht jetzt gibt es die Gelegenheit, sich vom Alltagsbetrieb und seinen Routinen abzusetzen, um in Nachdenklichkeit zu sehen, was es in der Welt noch an anderen Dingen und Möglichkeiten als den immer schon vorhandenen gibt?

Manchmal wird etwas nachgeholt: Ein künstlerisches Talent zum Beispiel wird hervorgeholt und verfeinert. Und dieses Talent (zum Blumenmalen, zum Flötespielen ...) hat nun keine „weltliche" Bedeutung mehr. Man wird es zu nichts mehr „bringen", es ist um seiner selbst willen da und erfreut vielleicht einige Freunde oder Familienangehörige. Man kann es nicht weiter „verwerten" oder verkaufen. Es macht einfach Freude und überschreitet das alltägliche Vernunftdenken. Es ist aber auch noch mehr: Indem das Aquarellbild einer Blume (wie immer „gut" oder „schlecht" sie gemalt sein mag) die Blume selbst überschreitet und sie sozusagen ins Allgemeine hebt, haftet ihm ein Stück Transzendenz an, es wird zum bleibenden

Ausdruck einer Bemühung um ein „Mehr". Die gemalte Blume birgt in sich nicht nur die gewissenhafte Arbeit des Beobachtens, Erfassens und Darstellens, sie ist auch ein Zeichen dafür, dass ich etwas „darüber hinaus" darstellen will: nicht nur eine ganz bestimmte Blume, sondern das Wesen einer bestimmten Blume. Und damit haben wir uns und das Produkt aus der Zeit herausgeholt.

Nicht jedem ist es gegeben, sich künstlerisch zu betätigen. Manch einer entdeckt eine neue Freude an der Natur, vielleicht sogar an einer bestimmten Art von Natur. Ich habe bei meinen eigenen Wanderungen Gesinnungsgenossen kennen gelernt, die – wie ich auch – die Wüste zu ihrem Ort der Besinnung gemacht haben. Jeder der Mitwanderer war irgendwann bewegt und ruhig, wenn wir im Sinai vor karmesinroten Felsmassiven standen, in denen sich in einer winzigen Oase eine Palme durchgesetzt hatte, oder wenn wir den ungemein klaren und strahlenden Sternenhimmel betrachteten.

Überall kann uns Transzendenz begegnen. Eine meiner in diesem Sinne begabtesten Freundinnen erzählt mir oft ganz ungeniert und wohl auch naiv davon. Für sie ist die Natur ein wunderbar beseelter Raum: „Schau dir diesen Baum an, wie er seine Blätter im Frühling noch zusammenkrallt (dazu macht sie eine Bewegung mit den Händen), das erinnert doch so sehr an Geiz", oder: „Dieses Wachs schmilzt so behaglich, da muss man einfach ganz still zuschauen." Manche finden sie kindlich, ich bewundere sie, nachdem ich übrigens auch jahrelang oft leise abschätzig über sie gedacht habe. Sie war ja soo wenig rational!

Unsere säkulare Welt hat nicht sehr viel Platz für solche Erlebnisse. „Selbsttranszendenz" – wie zum Beispiel der Philosoph Hans Joas dies nennt – ist aber auch in unserer westlichen Welt möglich, ja sogar nötig, wenn wir nicht in düsteren Ahnungen über ein böses Ende der Menschheit versinken wollen. Ein besonders wichtiges Merkmal der Selbsttranszendenz ist –

so wiederum Peter L. Berger – der Humor. Eine „Theologie des Humors" fordert er sogar. Humor, mit dem der Mensch vor allen anderen Lebewesen ausgezeichnet ist, bedeutet ja: hinter sich selbst zurückzutreten, sich selbst in seinem Weltbezug nicht in die Mitte zu stellen, sondern sich lächelnd auch einmal von außen zu betrachten. Die Gabe des Humors ist bekanntlich nicht gleichzusetzen mit dem Witz: Witzig zu sein, das ist eine besondere Begabung, die nicht jeder hat. Aber Humor kann eigentlich jeder erwerben, der nicht darauf besteht, dass er der Nabel der Welt sei. Man betrachtet sich und die Welt mit anderen Augen, wenn man die Dinge neu in ihrer Verschränkung sieht. Denn dies ist es ja: altgewohnte Situationen von einer anderen Seite zu sehen. Dies ist eine Form der Wahrnehmung, die mit einer tieferen Wirklichkeitswahrnehmung einhergeht. Das hat der Humor mit der religiösen Wahrnehmung (in einem modernen Sinn) gemeinsam. Ein „Signal der Transzendenz" sei er, sagt Peter L. Berger. Es gibt hinter den Dingen noch anderes.

Was aber erfahren wir, wenn wir uns von außen betrachten und dabei bemerken, dass wir inmitten unsere Alltagssituationen auch „komisch" sein können? Es sind die Widersprüche, die Brüche und Ungereimtheiten, die uns dabei begegnen.

Bei einem Treffen der etwa siebzigjährigen Schulkameradinnen beklagte sich eine bitter, wie unhöflich und gemein die heutige Jugend sei. Als sie bei einem unerwarteten Stop der Straßenbahn gegen einen Jugendlichen gefallen sei, hätte der gesagt: „Ich fick dich gleich, Alte." – „Wie soll man darauf reagieren?", fragte sie die anderen empört. Unsere immer schon lustige Joli antwortete daraufhin: „Ich hätte gesagt: *Wirklich ...??*"

Bei demselben Treffen wurde die im Alter recht dick gewordene Dagmar von einer anderen gefragt, wo denn eigentlich ihre Falten seien. „Unter meinem Fett, die sieht man nicht", antwortete sie lachend und ungeniert.

Bei all diesen Beispielen werden Risse sichtbar zwischen allgemein beklagenswerten Erscheinungen (unhöfliche Jugend, Fettleibigkeit) und einer Betrachtungsweise, die die andere Seite dieser Erscheinungen zeigt – und sei es, wie beim Straßenbahn-Erlebnis, auch in der Fiktion der alten Frau, die (scheinbar) für einen Jugendlichen begehrenswert ist. Solche Risse wahrzunehmen, die Tragik der Erfahrungen alternder Menschen zu transzendieren: Das verleiht Souveränität.

Natürlich gibt es diese Selbsttranszendenz nicht nur im Alltag. Es können sich für manche Menschen andere Dimensionen der Weltbetrachtung auftun, wenn sie beten, wenn sie meditieren. Sie meinen dann etwas zu spüren von einem anderen und umspannenderen Dasein, manche nennen es dann Gott. Dass eine solche Ahnung auf einen Menschen zukommt, lässt sich nicht voraussagen, nicht herbeizaubern – es lässt sich aber der Boden bereiten. Dies versuchen Religionsgemeinschaften seit Jahrtausenden und noch länger. In unserer Zeit ist auch dieser Weg für viele Menschen nicht gangbar. Aber das, was man erfasst im Überschreiten seiner selbst, ist ebenfalls ein Nährboden – und sei es nur der Nährboden für eine Hoffnung.

Franziska: Alles wird anders

Franziska war immer eine besonders tüchtige Frau gewesen: beruflich, familiär, organisatorisch, einfach in allen Belangen. Und wie rasch sie alles abwickelte und begriff. Kein Wunder, dass sie in ihrem Betrieb sehr schnell zur Chefsekretärin aufgestiegen war. Natürlich hieß es, dass ohne sie überhaupt keine wichtige Entscheidung getroffen würde in der Firma. Das stimmte zwar nicht ganz, aber für die weitverzweigte Familie stimmte es sicher. Ihre beiden Brüder vertrauten ihr mehr an als den eigenen Ehefrauen (diese waren ihr nicht unbedingt immer wohlgesinnt), die früh verwitwete Mutter hatte sowieso nur immer an die „Fränzi" gedacht, wenn es irgendetwas Kompliziertes im Haushalt oder in der Außenwelt zu ordnen gab, und natürlich war auch der Ehemann sehr stark abhängig davon, dass Franziska alles Reale in die Hand nahm. Er selbst war Künstler, verdiente als Grafiker sein Geld; seine Freizeit aber verbrachte er mit seiner „eigentlichen" Berufung, dem Malen großräumiger abstrakter Gemälde. Die beiden waren ein gutes Paar. Obwohl Franziska manchmal für Pauls Geschmack etwas zu realistisch dachte, immer nur das Naheliegende wahrnahm und für Pauls Spintisierereien (zum Beispiel, dass er seinen Verdienstjob aufgeben könne) nicht so viel übrig hatte.

Alles in allem aber fuhr Franziska mit ihrer zupackenden Art recht gut. Ihre Tochter stöhnte zwar manchmal, aber das Kind (und auch die Jugendliche) schien kräftig, konnte sich gegen eine häufig dominierende Mutter gut wehren und fand, dass ihre Eltern insgesamt eine gute Mischung darstellten.

Das Paar wurde älter; Franziska ging in Pension, fand aber natürlich andere Felder für ihren Tatendrang. Es gab zwei Enkelkinder, lebhafte Jungen, die eine ordnende Hand gut gebrauchen konnten – und es gab Paul, dessen Gesundheit nicht allzu gut war. Und natürlich gab es noch immer viel Familie; Familienfeste wurden organisiert, die nunmehr uralte Mutter musste in ein gutes Pflegeheim gebracht und dort oft besucht werden.

Als aber Paul eines Tages von seinem Spaziergang nicht nach Hause kam und ein wenig später die Polizei vor der Türe stand, da nützte alle Fassung und alle zupackende Kraft nicht viel. Pauls plötzlicher Herztod traf Franziska tief. Damals war sie einundsiebzig Jahre alt und von gestern auf heute änderte sich ihr Leben mit großer Schnelligkeit.

Natürlich, die Familie half, die Tochter war noch immer auf die babysittende Großmutter angewiesen, aber Franziska schien dies alles nun leer und so, als ob es sie nichts anginge. Sie vermisste Paul zwar, aber im Grunde war es nicht nur das. Sie stellte alles in Frage, verwarf nun ihre ganze Lebenseinstellung und hatte immer mehr das Gefühl, dass sie ihr Leben danebengelebt habe. Nichts hatte mehr Geltung. Franziska fragte sich, warum sie das alles früher nicht gemerkt hatte, ob sie sich eigentlich nur mit Kinkerlitzchen befasst hatte. War sie denn dem sensiblen und verträumten Paul wirklich eine gute Gefährtin gewesen? Sie hatte Tagebuchblätter gefunden, in denen er seine Einsamkeit beklagte. Es gab darin keinen Vorwurf gegen sie, aber man konnte fühlen, dass da eine Lücke war, die sie offensichtlich nicht ausfüllen konnte, ja sie hatte von all dem nicht einmal etwas geahnt. Sie hatte Paul eher als ein liebenswertes und verspieltes Kind gesehen, ein Kind, das von ihr mit der Realität bekannt gemacht wurde. Sie war immer der Meinung gewesen, dass Paul das „brauchte" – aber war es wirklich so wichtig gewesen? Hätte er nicht eine ganz andere Frau gebraucht?

Franziska versuchte, Pauls Tagebuch besser zu verstehen. Was hatte er damit gemeint, dass der Künstler die Natur nicht *nach*gestalten solle, sondern er solle *wie* die Natur gestalten – und dass er dies mit seinen Bildern, obwohl abstrakt, immer wieder versuche. Die Abstraktion, so schrieb er, könne tiefer ins Wesen eindringen als jede Kunstrichtung davor und das vor allem im Prozess. Was das wohl hieß?

Franziska wusste, was sie früher von solchen Sätzen gehalten hätte. Nun gaben sie ihr zu denken und enthüllten in schmerzlicher Weise Seiten von Paul, die ihr verschlossen gewesen waren.

Warum hatte er nie mit ihr über diese Dinge gesprochen? Sie ahnte die Antwort. Wie arrogant hatte sie manches abgeschmettert, wie schnell war sie zur Tagesordnung übergegangen und hatte oft sogar Unmut gezeigt, wenn er zu lange in seinem Atelier geblieben war und auch noch geschrieben hatte. „Seit wann bist du denn auch noch ein Dichter?", hatte sie dann spöttisch gefragt und Paul hatte stumm seine Hefte weggeschlossen. Meist aber schien er fröhlich, er überließ ihr die Alltagsorganisation und er war ein guter Vater für die Tochter gewesen. Stundenlang hatte sie in seinen Malutensilien herumwühlen dürfen, er begleitete ihre unbeholfenen Zeichen- und Malversuche und war stolz auf ihr Talent zur Karikatur. Dass sie daraus keinen Beruf machte, fand er richtig.

„Ich kann gar nicht malen, deshalb versuche ich es immer wieder", stand da auch im Tagebuch. Was hatte er damit wohl gemeint?

An diesem Satz blieb Franziska lange hängen. Er eröffnete ihr einen ersten Einblick in das Denken ihres Mannes. Sie begriff, was es heißt, die eigenen Grenzen immer ein Stück weiter zu überschreiten und diesen Prozess als einen anstrengenden und mühseligen zu empfinden, der aber von innen heraus antreibt. Sie hatte Pauls Malerei oft „schön" gefunden, die Farben hatten ihr gefallen, manche Formen ebenfalls, aber sie blieb stumm davor, weil sie eigentlich nicht fand, dass hier wirklich ein Künstler am Werk war. Farbige Tapeten, so hatte sie im Stillen gedacht, sind eigentlich oft genauso schön …

„Deshalb versuche ich es immer wieder." Diesen Satz wiederholte sie nun als eine Art Mantra und versuchte, in ihn hineinzugelangen. Es war schwer; es war von so viel Bitterkeit und Sehnsucht durchtränkt. Reue über ihr eigenes Versagen wechselten mit Wut auf Paul. Warum hatte er nicht wenigstens versucht, sie in seine Welt einzulassen?

Was genau hatte er denn versucht? Stundenlang stand sie nun vor seinen Bildern. Manchmal dämmerte ihr etwas – sah sie plötzlich inmitten großer Farbkleckse den Umriss einer Figur, entdeckte Kleckse, die wie zufällig über das Bild gespritzt schienen und auf einmal einen Sinn ergaben. Welchen? Das hätte Franziska nicht sagen können. Aber da war etwas …

Ein Jahr nach Pauls Tod merkte Franziska, dass sich bei ihr viel geändert hatte. Nicht nur war der Schmerz geringer geworden; sie hatte auch zu Paul und zu seiner Kunst ein anderes Verhältnis gewonnen. Einmal bat sie einen Malerfreund aus Pauls Zeit, mit ihr in eine Ausstellung zu gehen. Sie wusste, dass Paul diesen Künstler besonders geschätzt hatte und wollte gerne in Begleitung eines Sachverständigen eine andere Bildwelt sehen und vielleicht sogar erklärt bekommen. Dieser Besuch bedeutete so etwas wie einen Wendepunkt in Franziskas Leben. Der Freund konnte ihr zwar nicht sehr viel zu den einzelnen Bildern direkt sagen. Das aber hatte Franziska schon von Paul gelernt: Das Sprechen über Kunst war nicht unbedingt des Künstlers Sache. Aber das, was ihm besonders zusagte – das konnte er sofort zeigen und Franziska sah mit Erstaunen, dass sie sehr wohl begreifen konnte, warum ihm manche Kunstwerke mehr zusagten als andere. Sie selbst hätte es übrigens auch nicht in Worte fassen können.

In Franziskas Leben war nun etwas Neues getreten. Sie blieb natürlich die alte umtriebige Franziska – zumindest bislang, da sie noch gesund und kräftig ist. Aber sie sah nun auch andere Dinge – zum Beispiel bei den Enkelkindern. Deren manchmal seltsam anmutenden Wortgebilde und Sätze korrigierte sie nicht sofort. Oft ging sie lieber deren verborgenem Sinn nach und entdeckte dort so etwas wie eine „Botschaft". „Das ist aus meinem Kopf gefallen", hatte unlängst der kleine vierjährige Ernst gesagt, als ihm der Name seiner Erzieherin nicht einfallen wollte. Franziska fand dies natürlich, wie alle anderen auch, niedlich und lustig. Es gab ihr aber auch zu denken, welche Hintergründe ein solches Bild haben könne: den der Passivität eines solchen Vorganges gegenüber einem aktiven „Ich habe es vergessen" zum Beispiel; Franziska dachte einige Zeit darüber nach, welche Implikationen dies für ein Kind haben könnte und warum es dies gerade in dieser Weise ausgedrückt habe.

Ob jemand ihre Veränderung bemerkte? Das ist ihr gleichgültig.

Karl war einer von denen, die man oft als „Macher" bezeichnet. Er war in gehobener Position in der Industrie tätig und dabei auch sehr erfolgreich gewesen. Er hatte genügend Geld gespart und gut angelegt, so dass sein Alter warm gepolstert war. Dies nützte er auch reichlich aus, indem er nun endlich seine vielen Hobbys pflegte. Ein schönes Segelboot hatte er schon immer gehabt, das neue war noch um sehr viel prächtiger und bequemer. Seine Segeltouren mit Freunden waren gefragt, Karl blieb manchmal wochenlang auf See und hatte auch jetzt, mit dreiundsiebzig Jahren, nicht viel von seiner alten Kraft und Gewandtheit verloren.

Der Besuch von Gourmet-Restaurants gehörte ebenfalls zu Karls Spezialitäten. Er kannte sich sowohl in Deutschland als auch im Ausland aus und legte Ferientouren immer so, dass einige dieser Lokale angesteuert werden konnten.

Karl tat dies fast nie alleine, denn Karl genoss nicht nur das schöne Leben, sondern auch schöne Frauen. Wir wollen nicht untersuchen, ob dem über Siebzigjährigen diese Frauen auch jetzt noch zufielen, weil er charmant und redegewandt war, oder ob nicht auch das gute Leben, das er bieten konnte, eine wichtige Rolle spielte. Ihm selbst machte das nicht so viel aus. In jüngeren Jahren war er ein paar Mal heftig verliebt gewesen, aber später waren seine diversen Liaisons nur mehr Zweckbündnisse geworden. „Zum wechselseitigen Gebrauch der Geschlechtswerkzeuge", konnte er in Männergesellschaft grinsend sagen und vergaß hinzuzufügen, dass Kant diesen merkwürdigen Satz erstens für die Ehe formulierte und zweitens gar nicht ironisch gemeint, sondern sich einfach steifleinern ausgedrückt hatte.

Fügt man zu Karls Neigungen noch das Tennisspiel, die Befassung mit besonderen Weinsorten und das Sammeln von erotischer Lektüre hinzu, dann kann man sich vorstellen, dass es immer auch Menschen in seiner Umgebung gab, die ihn als echten Widerling ansahen. „Kein Herz, keine Wärme, nichts im Kopf als sich selbst", so urteilte zum Beispiel seine Schwester über ihn. Werner war dies egal, weil er seine Schwester sowieso immer als „fromme Spinatwachtel" angesehen hatte. Karl hielt sich für ein Glückskind des Lebens – es gelang ihm alles.

Als Karl fünfundsiebzig war, traf ihn das Schicksal so manchen alten Mannes: Er bekam Prostatakrebs und wurde durch die Bestrahlungen impotent. Ein kompliziertes Augenleiden verleidete ihm noch dazu so gut wie alle seine anderen Aktivitäten und so stand Karl plötzlich wie vor den Kopf gestoßen da: Nichts mehr war gültig, nichts mehr konnte ihm das Leben bieten. Was sprach dagegen, ihm ein Ende zu machen?

Karl schluckte so viele Schlaftabletten, wie er zu Hause hatte, und trank dazu zwei volle Flaschen Whisky. Danach erinnert er sich an nichts mehr. Er wachte jedenfalls in der Intensivstation der Psychiatrischen Klinik auf und erfuhr, dass ein Handwerker ihn gefunden hatte.

Karl war, wie er sich mühsam erinnerte, mit einem Elektriker verabredet gewesen und dieser hatte gehört, dass hinter der Türe jemand stöhnte. Es war eine Kette von merkwürdigen Zufällen, die dazu führte, dass Karl nun noch nicht im Familiengrab im Waldfriedhof lag. Seine Schwester kam sofort in die Klinik – trotz ihrer Abneigung zeigte sie sich sehr besorgt. Sie war eine fromme und sanfte Frau, der das Schicksal des Bruders nun doch am Herzen lag; die sich auch ein wenig schuldig fühlte, dass sie sich seit seiner Krankheit so wenig um ihn gekümmert hatte. „Letztlich ist er doch eine arme Seele", sagte sie zu ihrem Mann, was Karl gottlob nicht hörte, weil er sonst sofort wieder den zarten Kontakt abgebrochen hätte.

Karl blieb vier Wochen im Krankenhaus – und es geschah das kleine Wunder, dass er zum Chefarzt Vertrauen fasste und jeden Tag eine Stunde bei ihm verbrachte, um sein Leben Revue passieren zu lassen. „Meine Beichtstunde" nannte er dies ein wenig ironisch, weil ihm die Realität, dass er nun eine kurze „Therapie" machte, nicht männlich genug erschienen wäre. Über so etwas hatte er sich immer lustig gemacht ...

Diese vier Wochen aber veränderten einiges in Karls Weltsicht. Die Art, wie der Arzt ihm Fragen stellte, verblüffte ihn. Wo lag eigentlich sein Zentrum? Und: Warum sollte es ein solches überhaupt geben? War das Vergnügen, das er meist am Leben empfunden hatte, nicht in sich selbst genug? Dass er seinem Leben früher als nötig ein Ende hatte machen wollen, konnte er aber bald nicht mehr verstehen – trotz aller Defizite: Er lebte doch, er konnte denken, sprechen, ja sogar das Flirten mit einer jüngeren Mitpatientin war möglich und erheiterte ihn sehr. Auf diesem Gebiet war er ja Spezialist.

Aber er war nun, mit fast sechsundsiebzig Jahren, auch mit dem natürlichen Tod konfrontiert und die eigene Todesnähe zwang ihn zum Nachdenken. Erstaunlicherweise drängten sich ihm nun alle möglichen Gedanken über Tod und Leben auf. Karl war sprachlich offenbar nicht unbegabt und in den langen Stunden der Ruhe fielen ihm ab und zu Verse, Gedankensplitter ein. Nach einigem Zögern brachte er sie seinem „Beichtvater", der sich erstaunt zeigte über die Tiefe von Karls Gedanken. Ein langes Gedicht über den Tod schloss mit den Worten: „Und wenn denn alles eitel war und vergebens/ ob ich dich bitten darf/ mir gnädig zu sein/ und der Nacht/ folgen zu lassen/ keinen neuen Tag?" Und obwohl viele seiner Gedichte sehr düster klangen: Sie machten Karl langsam frei von Verzweiflung und Lebensüberdruss. Er erfuhr, was es heißt, dass nach Goethes Wort, „ein Gott mir gab zu sagen was ich leide".

Karl aber hatte auch freundliche Erlebnisse in der Klinik. Er machte mit bei der Maltherapie, er ging schwimmen und zeigte sich in den therapeutischen Gesprächsgruppen als ein aufmerksamer und einfühlsamer Teilnehmer. Er war ein wenig stolz, weil ihm einige Patienten einiges anvertrauten, was sie in der Gruppe nie zu sagen gewagt hatten. Man bewunderte den Mut eines alten Mannes, der sich nicht scheute, sein oft vertändeltes Leben vor den anderen auszubreiten.

Als Karl wieder daheim war, hatte sich für ihn viel verändert. Er ging nach wie vor zu seiner Gesprächsgruppe, die sich nun ohne therapeutischen Leiter konsolidiert hatte, er traf seine ehemalig „Flirt-Partnerin" manchmal auch alleine und fand, dass die Gespräche mit ihr sehr wichtig waren. Man hatte voreinander nichts zu verbergen. Seine Freundin war Alkoholikerin, jetzt trocken, aber immer noch gefährlich nahe am Abstürzen, sie hatte etliche schwierige Beziehungen hinter sich und eine drogenabhängige Tochter: Verglichen damit war Karl fast sorglos, wie er fand. Und dabei war Hella, seine neue Bekannte, meist fröhlich und gesprächig – also wirklich eine Bereicherung seines Lebens.

Seine fromme Schwester fand ihn nun nicht mehr ganz so abscheulich – er bot ihr sogar an, mit Geld auszuhelfen, als ihr Garten durch einen Erdrutsch verwüstet wurde. Was war nur mit diesem eitlen und egoistischen Mann geschehen? Die Schwester sah es als „Bekehrung", aber Karl wollte mit der Religion, die sie ihm vorsichtig näher bringen wollte, nichts zu tun haben.

Ja, was war denn nun wirklich geschehen? Eigentlich nichts Weltbewegendes, und trotzdem Entscheidendes. Die Erschütterung über sein leeres Leben hatte Karl plötzlich einen Schritt zurücktreten lassen hinter sich und seine in sich selbst verknoteten Wünsche und Ziele. Gefühle auszusprechen, noch dazu in gebundener Sprache, wozu es eben sehr viel mehr an Nachdenken und Nachfühlen braucht, hatte ihm einiges „hinter den Dingen" gezeigt. Dumme Sprüche über den Tod oder über Frauen, „Alkis" und psychiatrische Patienten kamen ihm nun nicht mehr über die Lippen. Dieser alte Mann begriff plötzlich, dass man alles auch anders betrachten kann als nur von der banalen Außenseite. Und so verlief der letzte Teil seines Lebens ganz anders als die vielen Jahre davor. Als er mit einundachtzig Jahren nach einem schweren Schlaganfall starb, schien ihm der Tod, wie er es in seinem Gedicht gewünscht hatte, wirklich „gnädig" gewesen zu sein: Er wachte einfach nicht mehr auf.

Maria: Nichts ist, wie es ist

Marias Leben war die meiste Zeit ein Knäuel von Ängsten, Hemmungen und Depressionen gewesen. Hätte sie nicht den festen Halt an Bruno gehabt, sie wäre längst in irgendeiner Anstalt verschwunden, so meinte sie öfters. Ganz so schlimm allerdings war es sicher nicht, denn Maria hatte sich als sehr gute Mutter für ihre drei Kinder – zwei Jungen und ein Mädchen – erwiesen und diese Kinder waren dann auch wohlgeraten und für das Elternpaar durchaus erfreulich. Maria war eine nicht unbegabte Frau, sie hatte an der Kunsthochschule gute Leistungen als Kostümbildnerin erbracht, ein Beruf, den sie allerdings nachher nie mehr ausgeübt hatte. Sie konnte natürlich gut nähen, gut zeichnen, spielte auch recht hübsch Geige und war das, was man als „musischen Menschen" bezeichnen kann. Bruno war ein treuer Weggefährte, der sie vor dem „rauen Leben" immer beschützt hatte. Sie war, als die Kinder sehr schnell kamen, immer zu Hause geblieben; hatte für Wärme und Ordnung gesorgt und hatte sehr sorgfältig drauf geachtet, dass es den Kindern an nichts fehlte. Klavier- und Cellostunden, Malkurse, Sportunterricht – alles wurde von ihr organisiert, sie fand immer die besten Lehrer und wurde für jedes Extrahobby ihrer Kinder Expertin. Bruno fand oft, dass sie sich allzu sehr mit den Kindern beschäftige, aber da er selbst, ein sehr tüchtiger Arzt, sehr oft nicht daheim war, fand er das Arrangement mit seiner Frau auch günstig. Sie wurde allerdings – und das fand er dann nicht mehr so günstig – immer ängstlicher. Sie wollte kaum mehr auf die Straße gehen. Sie entwickelte eine Art Phobie, wodurch ihr Leben sehr eingeschränkt wurde. Autofahren war kein Problem, aber längere Wege durch die Stadt, Besuche bei Freunden – das alles wurde schwierig. „Daheim ist's doch viel gemütlicher": Dieses Wort hörte er allzu oft, wenn er mit ihr ausgehen wollte oder eine Einladung zu einem größeren Fest drohte.

Es war bald nicht mehr zu übersehen – und auch die Kinder wurden nun hellhörig, dass Maria eine sehr neurotische Frau war, mit vielen Problemen und Symptomen. Als Maria einmal hörte, wie ihr Ältester – da war er sechzehn – zu seiner Freundin am Telefon sagte: „Ach, die Mami, weißt du, die ist ein Fall für die Psychos ...", da wurde ihr klar, dass sich etwas ändern musste. Sie suchte schweren Herzens einen Psychotherapeuten auf und machte eine lange, aber sehr fruchtbare Analyse. Sie konnte langsam wieder am Leben teilnehmen, überwand auch ihre Schüchternheit und fiel auch bei größeren Partys, die ihr Mann, nunmehr Chefarzt, besuchen und geben musste, nicht mehr aus dem Rahmen, weil sie allzu schnell aufbrach und „Kopfweh" hatte.

Beruflich allerdings fand sie keinen Einstieg, obwohl sie es nun, da die Kinder erwachsen waren und schon aus dem Haus strebten, ganz gerne wieder versucht hätte.

Das Leben mit Bruno war angenehm, sie gingen aus, sie sahen Freunde bei sich – aber Maria war trotzdem nicht als glückliche Frau zu bezeichnen. Viele Dinge bereiteten ihr Sorge: dass die jüngere Tochter sich mit einem verheirateten Mann eingelassen hatte; dass der Älteste, ein junger Arzt, noch immer nicht promoviert hatte; dass der andere Sohn, obgleich beruflich als Techniker durchaus erfolgreich, keine Freundin hatte – war er etwa schwul? So zermarterte Maria sich oft nächtelang den

Kopf und fand nur bei Bruno Beruhigung. Dieser tröstete, lachte oft über ihre, wie er fand, grundlosen Ängste und war sowieso auch jetzt, wo er in Pension gegangen war und nur mehr bei bestimmten Konsultationen beruflich engagiert wurde, ein immer frohgemuter Mensch. Maria aber freute sich ihres Lebens nur augenblicksweise: wenn sie traulich daheim saßen und miteinander ein Glas Wein trinkend über häusliche Angelegenheiten sprachen; wenn sie zusammen eine interessante Sendung im Fernsehen ansahen und sich darüber austauschten; wenn sie, was nun öfters vorkam, einander ein Buch vorlasen. Das waren Glücksmomente, die allerdings immer wieder von Marias düsteren Stimmungen getrübt wurden: Alles könne doch ganz schnell zu Ende gehen, man wisse nie, welche Krankheit auf einen zukomme und Ähnliches. Bruno beruhigte, Bruno tröstete, versicherte, dass sie beide gesund seien und außerdem aus langlebigen Familien stammten. Irgendwann natürlich ..., aber das sei noch lange hin. Beide waren nun achtundsechzig Jahre alt und vollkommen gesund. Maria fand, dass Bruno noch immer hervorragend jugendlich aussah: kein Speckbauch (dank Fitness), keine Glatze, straffe Haut, gesunde Gesichtsfarbe (dank Sonnenstudio). Bruno hielt auf sich. Aber auch Maria wurde von allen Seiten versichert, dass sie ungewöhnlich jung wirke. Die Kinder bestätigten dies ihren Eltern immer wieder.

Leider gab es noch keine Enkelkinder – auch dies eine Sorge, die Maria umtrieb.

Wie ein Blitzschlag traf Maria ein (anonymer) Brief, dem ein fotokopierter Liebesbrief beigelegt war. Mit einem Blick erkannte Maria die Schrift und die Lage: Es gab also eine „andere"! Und dies schien nicht irgendeine kurzfristige Geschichte zu sein – man erkannte am Kontext, dass hier viel Vertrauen und gute Kenntnis der häuslichen Situation herrschte. Und es war ein ganz spezieller Satz, der Maria den Boden unter den Füßen wegriss: „Mein eheliches Unglück, dieser Stolperstein zu unserem Glück, bedeutet für mich eine immer wieder neue Quelle sowohl von Mitleid als auch von Selbstmitleid ..."

Maria dachte sofort an Selbstmord, an Scheidung sowieso, sie fiel in ein tiefes dunkles Loch von dumpfem Kummer und fühlte sich unfähig zu irgendeinem Gedanken oder zu einer Handlung. Wer hatte den Brief wohl geschickt? Ein Ehemann vermutlich? Eine „wohlmeinende Freundin"? Oder die Empfängerin selbst? – Egal. Es war alles egal ...

Marias Körper wurde ganz kalt, später würde sie einmal sagen, dass sie nun eine Ahnung davon habe, was Leichen empfinden, so unsinnig dieser Gedanke auch war. Maria hatte nur einen rettenden Gedanken: ein ganz heißes Bad, nur das konnte sie vor dem endgültigen Fall bewahren. Sie füllte die Badewanne, dachte wohl auch daran, dass Selbstmörder, die sich die Adern aufschneiden, dies oft in der Badewanne tun, aber der Gedanke war dann doch allzu grausig. Sie ließ sich in einen dösigen Schlaf treiben, aus dem sie mit Schrecken erwachte, weil sie das Gefühl hatte, gleich ertrinken zu müssen.

Bruno war für einige Tage zu einem Kongress gereist, der anonyme Absender hatte dies vermutlich gewusst, so nahm Maria an. Sollte also der „Stolperstein" sich in dieser Zeit selbst aus dem Weg räumen?

Die zwei Tage bis zu Brunos Rückkehr waren ein einziger Alptraum. Und dann: Eine ganz kleine Erleichterung – der Brief war circa zehn Jahre alt, das konnte ihr Bruno an Details beweisen.

Trotzdem: Er war geschrieben worden; es war – wie Maria sich ausrechnete – zu einer Zeit passiert, als es ihr gerade sehr schlecht gegangen war. Und Bruno, der sehr reuig war, gestand, dass er damals wirklich an eine Trennung gedacht hatte, dass er die ewigen Sorgen und Klagen nicht mehr ausgehalten hatte; die „andere" war eine fröhliche junge Ärztin gewesen. Maria konnte das zwar verstehen, aber es blieb in ihr eine große Verlassenheit. Jahrelang (und das Verhältnis ihres Mannes hatte einige Jahre gedauert, ja: war es denn schon zu Ende? Bruno schwor, dass es so sei …) hatte sie im falschen Bewusstsein einer intakten Ehe gelebt, hatte sich Brunos Tröstungen und Ratschläge als Ausdruck seiner Liebe angehört, war sicher gewesen, dass die Dinge so waren, wie sie schienen.

Zeitweise hatte Maria das Gefühl, nur mehr nebeneinanderher zu leben, auseinandergeschnitten zu sein – da half keine Liebesbeteuerung Brunos.

So sehr kann man also im falschen Leben leben und bemerkt es nicht. Maria war sich ihrer schwierigen Persönlichkeit durchaus bewusst, das hatte sie ihre jahrelange Analyse wohl gelehrt. Aber neben allen Problemen, mit denen sie kämpfte, war eines unumstößlich und sicher gewesen: Bruno, der Hort von Ruhe, Liebe und Geborgenheit.

Sie spürte, dass ihr diese Sicherheit nie mehr wieder zukommen würde. „Kann man so überhaupt leben?", dachte sie oft. Nein, es ist alles sinnlos, wenn es nirgends in der Welt einen Anker gibt.

In dieser Situation erinnerte sich Maria an eine alte Freundin aus ihrer Ausbildungszeit. Sie waren recht gut miteinander befreundet gewesen, aber Maria hatte sich mehr und mehr zurückgezogen und daher war die Freundschaft langsam erkaltet. Diese Freundin, Tanja, hatte russische Eltern, Maria war das warme und etwas chaotische Elternhaus noch sehr gut im Gedächtnis. Tanja war eine lebhafte und engagierte Kostümbildnerin gewesen und arbeitete trotz Eheschließung und einer Tochter noch für den Film, verdiente recht gut und schien ein zufriedenes Leben zu führen, meinte Maria, die nur in losem Kontakt zu ihr stand. Sie erinnerte sich daran, dass diese schöne und begabte Frau ihr auch in den Verzagtheiten der Ausbildungszeit oft geholfen hatte.

Das Treffen verlief recht bewegend. Tanja war ganz und gar nicht bereit, so zu tun, als ob alles weiterginge wie bisher. Sie konfrontierte Maria sehr hart mit ihrer „Untreue", wie sie es nannte, und warf ihr vor, sich allzu sehr um sich und ihren eigenen Kummer zu drehen. Sie selbst, Tanja, hätte gerade in den letzten Jahren sehr oft Marias Hilfe brauchen können: Ihre Tochter war an Leukämie erkrankt und wenn zum jetzigen Zeitpunkt auch keine Lebensgefahr mehr bestand, so hätte sie doch monatelang in tausend Ängsten geschwebt. Maria schauderte es, aber sie nahm die Vorwürfe ohne Widerstand entgegen. Hatte ihr in den letzten Wochen doch auch gedämmert, wie sehr Bruno sich durch die Zentrierung auf ihre ewigen Sorgen und Probleme vernachlässigt gefühlt hatte. War sie denn ein Kind, das man dauernd behüten musste? Dessen Wehwehchen das ganze Bewusstsein ausfüllen durften? Und dass sie sich auch die Sorgen ihrer Kinder so sehr zu Herzen nahm: War das denn nicht einfach ein Zeichen ihrer erweiterten Ichbezogenheit?

Tanja ließ Maria, deren schwierige Lage sie wohl erkannte, ein wenig in ihr eigenes Leben Einblick nehmen. Tanja hatte, wie sie erzählte, großen Trost gewonnen durch ihre Meditationsgruppe. Sie konnte gar nicht so gut erklären, worin dieser Trost eigentlich bestand. „Ein Abrücken von mir selbst", sagte sie nur, und „Probier es doch."

Und das tat Maria. Auch sie konnte es nicht erklären – aber in langsamen Schritten spürte sie, dass sie augenblicksweise wirklich von sich abrücken konnte, dass ihr das eigene Schicksal etwas weniger schrecklich und ausweglos vorkam und dass sie ihr Alltagsleben mit Bruno durchaus vereinbaren konnte mit dieser Distanz von sich selbst und ihrer Ehe.

Maria spürte, dass sie eine gewisse Begabung zur Meditation hatte, das erstaunte sie – hatte sie doch früher eher gelächelt über dieses neumodische Getue mit östlichen Praktiken. Mittlerweile konnte sie einen Tag nur schlecht ohne Meditation beginnen. Auf Meditationswochen mit verschiedenen Lehrern freute sie sich jedes Mal und ließ sich auch durch Brunos gelinden Spott nicht davon abbringen. Sie fand es sogar ganz gut, dass Bruno hier erst gar keine Versuche machte, sich einzumischen. Dies war ihr eigenstes Revier, in dem sie langsam und stetig lernte, von sich selbst Abstand zu nehmen, sich nicht für den Nabel der Welt zu halten. Maria ist jetzt, mit über siebzig Jahren, viel weniger ängstlich, viel weniger depressiv. Bruno freut sich darüber. Welche Art von Eigenleben er führt: Das will Maria nun nicht mehr unbedingt ganz genau wissen. Sie fühlt sich mit ihm wohl und vertraut darauf, dass alles, was auf sie noch zukommt, zu bewältigen sein wird. Dass alles so ist, wie es scheint: Das allerdings glaubt sie nun nicht mehr.

Der Tod – ganz weit weg

Aus vielen empirischen Untersuchungen geht hervor, dass alte Menschen sich gar nicht sehr oft mit dem Tod beschäftigen – jedenfalls sehr viel weniger, als man meinen würde. Ab und zu gibt es zwar plötzliche Ängste – nur jetzt kein Herzinfarkt, nur jetzt kein Schlaganfall mit dem unmittelbar folgenden Tod –, aber die gehen vorüber. Obwohl man weiß, dass man nicht mehr gar so viel Zeit zubemessen bekommt, sieht man das Ende nicht konkret vor sich. Es scheint eine der Wohltaten der Natur zu sein, dass der Mensch, obwohl man ihn als das Tier, das um seinen Tod weiß, definieren kann, sich diesen Tod nur selten klar vor Augen stellen muss. Es wäre allzu schlimm, wenn man dies dauernd täte. Es gibt allerdings Menschen, denen dieses Schicksal nicht erspart bleibt – aber das sind eher pathologische Fälle: gequält von Dauerangst, oft schon in jungen Jahren.

Warum also sollte man sich mit dem Tod beschäftigen, wenn man sich noch nicht besonders krank fühlt und nur ganz abstrakt weiß, dass die Zahl der Jahre vermutlich nicht mehr allzu groß sein wird?

Man hört oft, dass man den Tod in unserer Zeit tabuisiere, dass man zu selten dem Tod begegne, weil unsere Krankenhaus- und Beerdigungsrituale uns abschneiden von der konkreten Sicht auf den Tod. Das ist sicher ein Teil des Problems mit dem modernen Tod. Aber wirklich wichtig scheint es ja erst dann zu werden, wenn im ganz hohen Alter oder bei schwerer Krankheit noch einiges zu ordnen ist, bevor man die Augen für immer schließt. Ist dies nicht der Fall, dann scheint mir nach wie vor der Lutherspruch vom Apfelbaum sinnvoll, den man noch pflanzen würde, wenn man auch wüsste, dass man morgen sterben muss.

Eine gewisse Gelassenheit auch dem Tod gegenüber scheint mir eigentlich das „Gesündeste" für alte Menschen: zu wissen, dass er unabänderlich ist, und doch nicht dauernd daran zu denken – was sollte man anderes auch tun? Gut leben trotz der Gewissheit des Todes – das scheint mir besser als häufiges Denken an den Tod.

Das Problem mit dem Tod allerdings stellt sich wiederum anders, wenn nahe Angehörige oder Freunde dem Tod nahe sind. Natürlich weckt dies auch Gedanken an die eigene Vergänglichkeit; noch problematischer ist aber in diesem Fall meist der Umgang mit diesem Wissen, wenn man nicht sicher ist, wie weit der Kranke eingeweiht ist. Viele Menschen, die bald sterben werden, ahnen oder wissen dies – aber sie wissen es offenbar in einer anderen Weise, als wir anderen solche Dinge „wissen". Am häufigsten, so scheint mir und so wird es uns auch von Angehörigen und Pflegepersonal berichtet, ist dieses Wissen etwas sehr Schwankendes: Zu manchen Zeiten taucht es an der Oberfläche auf, dann wieder wird es „vergessen" und verschwindet.

Es ist offenbar sehr schwer, sich eine Welt vorzustellen, in der man nicht der Mittelpunkt ist, denn selbstverständlich ist die eigene innere Topographie davon bestimmt. Wie aber soll man sich eine Welt vorstellen, in der diese Ortsbestimmung nicht mehr zutrifft? Sehr gläubige, vielleicht ein wenig naive Menschen haben sich die Vorstellung von einem bloßen Ortswechsel zu Eigen gemacht. Das ist leichter nachzuempfinden, den Ort wechselt man ja auch im irdischen Leben öfters. Der Aufenthalt im „Himmel" wurde schon so oft vorfantasiert, dass es nur mehr wenig Einbildungskraft braucht, um sich dort das „ewige Leben" vorzustellen. In unserer säkularen (europäischen) Zeit ist eine solche Traumvorstellung nicht mehr allzu vielen Menschen gegönnt. Abstraktere Überlegungen wie „Der Geist bleibt erhalten" oder „Irgendwie als ein Prinzip bleiben wir erhalten" bis hin zu „Wir sind im Weltall aufgehoben" geben der Fantasie wenig Anhaltspunkte. Und deshalb entschwinden uns auch diese Gedanken meist sehr rasch wieder. Als Angehöriger oder Freund sollte man, das ist meine persönliche Meinung, einem Sterbenden das eigene Wissen nicht aufdrängen. Die Vorstellung, dass es dann den Leuten besser ginge, weil sie in Frieden „loslassen" können, scheint mir noch nirgends wirklich hinreichend gesichert. Ich persönlich habe jedenfalls bei einer todkranken Freundin acht Wochen vor ihrem Tod Entsetzen ausgelöst, als ich ihr (auf dringendes Bitten der Familie) riet, eine bestimmte sehr knifflige Erbschaftsfrage so zu regeln, dass es damit keine Probleme geben könne. „Ja meinst du denn, dass ich sterbe?", fragte sie entsetzt (sie konnte sich kaum mehr vom Bett erheben und wusste, dass sie schwer krebskrank war) und ich erschrak darüber sehr, hatten wir doch schon öfters über ihren möglichen Tod gesprochen. Mein „Ich könnte mir denken, dass durch die Krankheit dein Leben verkürzt ist", beruhigte sie dann wieder ein wenig. „Verkürzt …", das heißt nicht: „unerbittlich und sofort".

Bei meiner eigenen Mutter habe ich Ähnliches erlebt – allerdings hatte ich damals schon einige Erfahrung und riet auch allen Familienmitgliedern, sie mögen mit dem Wissen der Mutter „mitgehen". So konnte sie (etwa vierzehn Tage vor ihrem Krebstod) überlegen, wo wir Herbstferien machen würden, und zwei Stunden später bestimmte sie sehr klar, wo sie beerdigt sein wollte. Wir fühlten uns nicht dazu berufen – und hätten es als Taktlosigkeit empfunden – sie jeweils zu korrigieren. Allerdings baten wir ihre beste Jugendfreundin, mit der sie ein ganzes Leben lang verbunden gewesen war, sich mit ihr alleine zu unterhalten, weil wir davon ausgingen, dass sie möglicherweise vor uns, ihren Kindern und Enkelkindern, Hemmungen habe, vom Tod zu sprechen. Aber auch mit der Freundin, so erzählte uns diese, sprach sie nicht über den Tod. Ich finde, dass man all dies respektieren muss.

Sich auf den Tod vorzubereiten: Das ist für streng religiöse Menschen sicher wichtig. Sie möchten vielleicht die Sakramente empfangen, nochmals das Abendmahl erhalten oder Gebete hören. Das werden sie uns kundtun. Auch nicht-religiöse Menschen können das Bedürfnis haben, sich von ihren Lieben zu verabschieden – aber das darf man längst nicht von allen Todkranken annehmen und man muss dann sehr aufmerksam hinhorchen, was eigentlich gewünscht wird. Man kann ruhig davon ausgehen, dass auch beim Sterben der „alte Adam" noch vorhanden ist. Das heißt: Menschen, die sich nicht gerne mit unangenehmen Realitäten konfrontieren, fällt es auch schwer, sich den nahenden Tod vor Augen zu halten. Dies im letzten Moment erzwingen zu wollen, halte ich für herzlos. Natürlich gibt es Menschen, deren Leben vom Drang nach Klarheit bestimmt ist, die alles genau über sich wissen wollen und Kontrolle behalten wollen: Für solche mag es dann oft wichtig sein, genau Bescheid zu wissen.

Ausblick

Wir werden vermutlich immer länger leben. Wann das Ende der Fahnenstange erreicht ist, weiß niemand. Manche sprechen von hundertzehn, hundertzwanzig Jahren, manche wagen sich noch höher hinaus – bis hin zum ewigen Leben. Es gibt in Jonathan Swifts Buch über die Reisen des Gullivers ein nicht sehr bekanntes Kapitel (die Kinderausgabe bringt dies nicht), in dem Gulliver in ein Land kommt, wo immer wieder Menschen mit einer Markierung auf der Stirne geboren werden. Diesen Menschen ist es bestimmt, nicht sterben zu können. Jede Mutter, die ein solches Kind bekommt, betrachtet dies als großes Unglück. Die an allen Ecken herumstehenden unsterblichen Alten sind mürrisch und dauernd in Streitigkeiten verwickelt. Man möchte mit ihnen nichts zu tun haben.

Nimmt man dieses Bild als Symbol für unsere „überalterte" Gesellschaft, dann verblüfft der Pessimismus des englischen Schriftstellers. Ist denn die Vorstellung ewigen Lebens in keiner Weise reizvoll? Offenbar konnte sich Jonathan Swift alte Menschen nur als grantig-raunzige Unglückswesen vorstellen.

Die Alten sind bei ihm alt in Antlitz und Seele, so wie alle alten Menschen, aber sie haben eben kein Ende vor Augen. Und das ist es, was sie zu den Unglückseligen ihrer Gesellschaft macht. So sehr wir oft den Tod fürchten, so sehr scheint er doch wichtig zu sein für unsere Lebensqualität. Wie kommt das? Welche Möglichkeiten sind mit unserer Endlichkeit verbunden?

Bekanntlich ist auf Erden niemand gefeit gegen Trauer, Schmerz und Unglück. Manchen geht es in dieser Beziehung zwar besser, aber die meisten Menschen sehen ihr Leben doch als einen Balance-Akt zwischen Glück und Unglück an und sprechen davon, wie schwer es das ganze Leben hindurch ist, diese Balance zu halten. Leben ist für Menschen anstrengend. Wir müssen über alle Aktivitäten, die unser Leben bestimmen, nachdenken, überall gibt es Barrikaden, die wir überwinden müssen, und die meisten von uns stolpern mehr als einmal. Innere und äußere Konflikte sind ins Menschenleben bekanntlich eingebaut. Alle unsere Beziehungen sind von Sorgen und Unsicherheiten markiert, unser Lebensweg ist in jeder Hinsicht immer wieder holprig und auch wenn wir uns manchmal in Sicherheit wähnen – irgendwann gibt es einen Bruch und wir fallen wieder einmal in unentwirrbares Chaos oder geraten in leere Ödnis. Das ist die Essenz menschlichen Lebens, der Preis dafür, dass wir zeitweise auch ungemein glücklich sein können. Und dies wird noch durch die Bewusstheit gesteigert, mit der wir unser Glück erfahren.

Sich ein Leben vorstellen zu können, in dem das Glück endlich siegt, ist ein großes und wahrhaft „paradiesisches" Geschenk; ein Mensch, der das kann, ist glücklich zu preisen. Für diese ist der Tod die Pforte zu einem ewig glücklichen Leben.

Für die anderen (und das ist in unserer Welt die Mehrzahl) bleibt das „Nachher" in Dunkel gehüllt. Wir können bestenfalls hoffen, darauf haben sich die meisten Menschen in der westlichen säkularen Gesellschaft geeinigt.

Und diese Hoffnung – mag sie sich noch so trotzig in nihilistische Hoffnungslosigkeit kleiden – ist es, die dem unsicheren Menschenleben einen geheimen Schimmer verleiht, einen Schimmer, der eben letztlich ein Hoffnungsschimmer ist – im trübsten Fall ist es der Hoffnungsschimmer, der die „ewige Ruhe" verheißt. Ich denke aber, dass für viele Menschen – Atheismus hin oder her – die Hoffnung eher eine andere Richtung anzeigt: die Richtung auf eine Realität, die uns von den dauernden Konflikten und Unsicherheiten befreit und dazu noch glücklich macht. Das, was wir in seltenen Momenten empfinden, was ab und zu als eine strahlende Möglichkeit aufscheint – das Aufgehen in der Natur, die Seligkeit der Empfindung bei einem Musikstück oder das Glück des Ankommens nach mühseligem Aufstieg: Das, so hoffen wir, könnte sich also als eine andauernde Möglichkeit erweisen?

Immer nur an das bekannte konfliktbeladene Erdenleben gebunden zu sein: Das erscheint als das größtmögliche Unglück. Jonathan Swift hat dies gesehen und literarisch verarbeitet.

Wir können nichts tun als hoffen. Aber dass wir dies können, diese Möglichkeit, die uns so weit hinaushebt über alle anderen Lebewesen, die kommt aus derselben Möglichkeit, die wir haben, wenn wir uns aus der Zentriertheit auf uns selbst hinausbewegen. Darauf beruht die Fähigkeit, gelassen zu sein.

Literatur

Berger, P.L. (1997): Erlösendes Lachen. Das Komische in der menschlichen Erfahrung. Berlin

Filipp, S.-H. und Mayer A.-K. (1999): Bilder des Alterns. Altersstereotype und die Beziehungen zwischen den Generationen. Stuttgart

Heuft, G. Kruse, A. Radebold H. (2000): Lehrbuch der Gerontopsychosomatik und Alterspsychotherapie. München

Jaeggi, E, (1999): Viel zu jung um alt zu sein. Das neue Lebensgefühl ab sechzig. Reinbek

Joas H. (2004): Braucht der Mensch Religion? Über Erfahrungen der Selbsttranszendenz. Freiburg i. Br.

Radebold H. und Hirsch R.D. (Hg.): Altern und Psychotherapie. Bern

Radebold H. und Schweizer R. (1996): Der mühselige Aufbruch. Über Psychoanalyse im Alter. Frankfurt/M.

Schirrmacher F. (2003): Das Methusalemkomplott., München

Schmidbauer W. (2004): Altern ohne Angst. Reinbek

Bücher, die Leben helfen

Barbara Bojack / Klaus Sanden
Älter werden – lebensfroh bleiben
Wie wir uns vor Altersdepression schützen
Band 5749

Die Autorin, Ärztin und Alterspsychotherapeutin, erklärt, wie Altersschwermut und Depressionen entstehen, wie man sich vorausschauend davor schützen kann und welche Möglichkeiten es gibt, wieder zu einer ausgeglichenen Gemütsverfassung zu kommen.

Dorothea Jöllenbeck
Zurück nach Hause
Meine alten Eltern und ich
Band 5875

Die erwachsene Tochter kehrt zurück ins Elternhaus, um die Eltern auf der letzten Lebensetappe zu begleiten: Krisen sind zu bewältigen, Rollen neu zu finden, Kreise schließen sich.

Ursula Nuber
Nur Katzen haben sieben Leben
Du lebst nur einmal. Mach was draus!
Band 5788

Lass dich nicht leben, lebe! Denn wir haben nur ein Leben, das zu leben ist. Es geht darum, es möglichst gut zu gestalten, auch in Sorgen- und Krisenzeiten. Damit am Ende nicht die Frage steht: „Und das soll alles gewesen sein?"

Irmtraud Tarr
Loslassen – die Kunst, die vieles leichter macht
Band 5921

Wer wollte dies nicht, gelassener werden und die Leichtigkeit des Seins entdecken? Dieses Buch versammelt Anregungen, Hinweise und manch überraschende Einsicht in die hohe Kunst, sich das Leben zu erleichtern.

Patricia Tudor-Sandahl
Das Leben ist ein langer Fluss
Über das Älterwerden
Band 5923

Älterwerden ist immer auch ein Abenteuer. Denn aus der Überwindung von Verunsicherung, Angst und Sorge erwachsen neue Chancen. Ein nachdenkliches, humorvolles und inspirierendes Buch.

HERDER spektrum